CONSULTAS ENCANTADAS

Editora Appris Ltda.
1.ª Edição - Copyright© 2024 da autora
Direitos de Edição Reservados à Editora Appris Ltda.

Nenhuma parte desta obra poderá ser utilizada indevidamente, sem estar de acordo com a Lei nº 9.610/98. Se incorreções forem encontradas, serão de exclusiva responsabilidade de seus organizadores. Foi realizado o Depósito Legal na Fundação Biblioteca Nacional, de acordo com as Leis nos 10.994, de 14/12/2004, e 12.192, de 14/01/2010.

Catalogação na Fonte
Elaborado por: Josefina A. S. Guedes
Bibliotecária CRB 9/870

Y53c 2024	Ynoue, Mitiko Consultas encantadas / Mitiko Ynoue. – 1. ed. – Curitiba: Appris, 2024. 191 p. ; 23 cm. ISBN 978-65-250-5662-3 1. Ficção brasileira – Miscelânea. 2. Medicina. 3. Pediatria. 4. Crianças. I. Título. CDD – B869.8

Appris
editora

Editora e Livraria Appris Ltda.
Av. Manoel Ribas, 2265 – Mercês
Curitiba/PR – CEP: 80810-002
Tel. (41) 3156 - 4731
www.editoraappris.com.br

Printed in Brazil
Impresso no Brasil

CONSULTAS ENCANTADAS

Mitiko Ynoue

FICHA TÉCNICA

EDITORIAL	Augusto Coelho
	Sara C. de Andrade Coelho
COMITÊ EDITORIAL	Marli Caetano
	Andréa Barbosa Gouveia (UFPR)
	Jacques de Lima Ferreira (UP)
	Marilda Aparecida Behrens (PUCPR)
	Ana El Achkar (UNIVERSO/RJ)
	Conrado Moreira Mendes (PUC-MG)
	Eliete Correia dos Santos (UEPB)
	Fabiano Santos (UERJ/IESP)
	Francinete Fernandes de Sousa (UEPB)
	Francisco Carlos Duarte (PUCPR)
	Francisco de Assis (Fiam-Faam, SP, Brasil)
	Juliana Reichert Assunção Tonelli (UEL)
	Maria Aparecida Barbosa (USP)
	Maria Helena Zamora (PUC-Rio)
	Maria Margarida de Andrade (Umack)
	Roque Ismael da Costa Güllich (UFFS)
	Toni Reis (UFPR)
	Valdomiro de Oliveira (UFPR)
	Valério Brusamolin (IFPR)
SUPERVISOR DA PRODUÇÃO	Renata Cristina Lopes Miccelli
REVISÃO	Marcela Vidal Machado
PRODUÇÃO EDITORIAL	Bruna Holmen
DIAGRAMAÇÃO	Yaidiris Torres
CAPA	Mateus de Andrade Porfírio
ILUSTRAÇÕES	Pedro Vendruscolo
REVISÃO DE PROVA	Jibril Keddeh

Para Paulinho e Pedrinho, meus filhos.

Sem eles não teria compreendido a totalidade do sentimento de cada mãe que procurou meus serviços na tentativa de tornar melhor a vida dos seus.

AGRADECIMENTO

Aos meus mestres: minha família,
meus amigos e amigas e meus queridos
pacientes.

PREFÁCIO

Contar histórias é narrar a vida, relembrar memórias e criar destinos alternativos para os apreciadores de narrativas que não estão satisfeitos com aquilo que nos contaram. Escrever as histórias da vida demanda sutilidade, percepção aguçada, observação. É mais do que ver o mundo, é, de fato, olhá-lo, percebê-lo, analisá-lo. Deixar as histórias da vida mais leves também faz parte dessas teias memorialísticas, porque o humor e a ironia permitem que as narrativas sejam mais instigantes e prazerosas. E é isso que Mitiko faz nesta obra. Com um olhar sensível sobre a vida e afetivo para com as pessoas, pacientes, nestas lindas histórias, tornam-se humanos, percebemos que mulheres também são mães, esposas, filhas, meninas. Crianças, aqui, são seres de pureza, inocência, encantadas, como o próprio título deste livro.

A autora nos mostra o ambiente hospitalar como os bastidores de uma peça teatral. As vidas dos profissionais da saúde acabam sendo dramas (e comédias) encenadas em seus palcos-consultórios. Esses "atores hospitalares" fazem de suas profissões uma vocação, um eterno prelúdio, onde, dia após dia, novos pacientes entram pela porta do consultório na intenção de serem curados, mas saem com a certeza de que suas vidas e as vidas daqueles que amam estão mais seguras nas mãos de "anjos humanos", os quais dedicam seu tempo para ajudar quem precisa.

Entre dores e amores, ou entre "sorrisos quentes" e "cheiros que dão água na boca", como diz a autora, *Consultas Encantadas* nos apresenta textos, poemas, crônicas, contos, causos e relatos do cotidiano que nos levam não só ao ambiente hospitalar, de onde Mitiko tira suas maiores inspirações para essas narrativas encantadas e encantadoras, mas também aos cenários da vida, dos sonhos, das experiências, do cômico sutil e da grandiosidade, mesmo aparentemente simples, de nossa existência.

Thiago Benitez
Professor de Letras e Literatura

Sumário

INTRODUÇÃO 16

LESÃO DE ESFORÇO REPETITIVO 17

IDADES 19

QUEM É VOCÊ? 19

BABEL 20

DIÁLOGOS 20

CRIANÇA NÃO É COFRE 20

ALEGRIA 21

MEDO 22

NEM TUDO SÃO VERMES 22

FIRMEZA SEM PERDER A TERNURA 22

AMOR 23

BISTURI 23

SEM PERIGO 24

AUTO CONHECIMENTO 25

TEMPO 25

DESGRAÇA POUCA É BOBAGEM 26

MENSAGEM NA GARRAFA 27

PONTOS CARDEAIS 28

PRAZO DE VALIDADE 29

RESILIÊNCIA INFANTIL 29

MEMÓRIAS 29

ABENÇOADA 30

PALAVRAS 31

POSICIONAMENTO MÉDICO 32

VOCÊ SABIA QUE... 32

EFEITO ZUMBI 32

EU, A PACIENTE 33

DIRETA E RETA 34

QUEM VÊ CARA NÃO VÊ CORAÇÃO 34

BRASÍLIA 35

CADA UM SABE ONDE APERTA O SEU SAPATO 35

PARA UM BOM ENTENDEDOR MEIO CONTO BASTA 36
PRÉ CONCEITOS 36
CORES 36
MEDICAMENTO PARA TODAS AS TRIBULAÇÕES! 37
SURDEZ SELETIVA 38
DURO NA QUEDA 38
PEQUENOS E GRANDES ESPINHOS DA PROFISSÃO 39
CORAÇÃO 40
CONVERSAS DESALINHADAS 41
TEIMOSIA 41
DEMAIS 42
A CULPA SEMPRE É DO OUTRO 43
INTEIRA 44
CONTÁGIO 45
JULGAMENTOS 45
O NÓ DO BOROGODÓ 46
TATUAGEM 47
OLHARES VAZIOS 47

CULPAS 48
DECEPÇÃO 48
VIOLÊNCIA NÃO REGIONAL 48
PÁTRIA COMPLICADA, BRASIL 49
INTERPRETAÇÃO 49
INTERLÚDIO 50
PEQUENEZ 51
PARTO NORMAL 52
ÓCULOS VERMELHOS 53
NOVOS BELOS TEMPOS 53
CAIXA DE SURPRESAS 53
CHATICE 54
PEQUENA CONFUSÃO 54
PALIDEZ 55
NEGAÇÃO 56
O ENGANADOR 56
EXTRA! O POVO PASSA A PERNA NO POVO! 57
NÃO ENTRE NA PIRA DOS DESESPERADOS 57
CRESÇA E APAREÇA – OU DESAPAREÇA 59

LIMPEZA 60

VER PARA CRER 60

TEMPO DE VALIDADE 61

SUFOCO 62

RETORNOS 63

ANATOMIA 64

SAUDADES 64

POUCO E MUITO 64

SINA 66

DELAÇÃO 67

AMIGOS INVISÍVEIS 67

GUERRA INTERIOR 67

DOM DE ILUDIR 68

PALAVRAS SÃO PALAVRAS 69

QUEREMOS AQUILO QUE NÃO OFERECEMOS 70

PACIÊNCIA 71

RETRATO EM BRANCO E PRETO 72

REMEDIADO 73

CONSCIÊNCIA CORPORAL 73

TERNURA 73

VIVA A NATUREZA 75

DROGARIA 76

ÁLCOOL 77

COSQUINHA PODE SER BOM COCEIRA, NÃO 79

DANÇARINO 80

TAMANHO NÃO É DOCUMENTO 80

VIZINHAS 80

SOB NOVA DIREÇÃO 81

FAÇA MENOS 82

VIGÍLIAS 82

NINGUÉM CONHECE NINGUÉM DEPOIS DE UMA BELA FEIJOADA . . . 83

VOCÊ SABIA QUE... 84

OUVIDO 85

DEVER CUMPRIDO 86

DESERTO 87

CRIANÇADA 87

NO LIMITE 87

ENCANTADOR 88

GORDOFOBIA 88

SARADO 88

BARATAS 88

DIÁLOGOS 89

VENENO 89

DORES 90

TRISTEZA 91

ENDORFINA 91

FÉ 91

CRENÇA 92

SINCERICIDA 92

FÓRCEPS 93

INSÔNIA 93

LIMITE AMOROSO 94

RESPONSABILIDADE 94

RIR É O MELHOR REMÉDIO 95

SAPINHO OU MONILÍASE ORAL 95

REFRESCO 96

CONSCIÊNCIA AMBIENTAL PRECOCE 96

A INOCÊNCIA É UMA ORAÇÃO PODEROSA 96

O MENINO BONITO 97

COCEIRA PSICOLÓGICA 97

PRESBIOPIA 98

INOPORTUNIDADES 99

DIVERGÊNCIAS 99

OLHOS 100

A VOZ 101

FRIO 101

ANTECIPAÇÃO 101

FLEXIBILIDADE 102

RAIO X 102

SONHO 103

DEMORAS 103

CONFIANÇA 103

SAÚDE 104

TRISTEZA 104

PATOGNOMÔNIO 105

CORRUPÇÃO 106

EMPATIA 106

TIMIDEZ 106

VENTANIA 107

A PERGUNTA 108

RELATIVIDADE 108

MERCADINHO 109

LEVEZAS 110

PONTO DE LUZ 111

SOBRE COMPREENSÃO 111

PARADA CARDÍACA 112

PECADO 113

ADIANTA FALAR? 113

ADRENALINA 114

SENTIDOS CONTRO VERSOS 115

TANTA COISA PERDEU A GRAÇA, MAS NÃO DEVERIA 116

COMPARAÇÃO 117

ESPECIALIDADES 117

LABOR 119

RESPOSTAS DAS CRIANÇAS 120

PEQUENO MAL 120

DIAGNÓSTICO DIFERENCIAL 120

PENALIDADE 122

NINHO VAZIO 122

CHUVEIROS 123

OLHARES 123

RESPONSABILIDADE 124

CURIOSA 124

PATERNAL 124

CANSAÇO 126

IGREJA 127

TRENZINHO 127

VASO 128

BEBÊ VOADOR 128

CLASSIFICADA 129

COSTURAS 129

DAI-ME SAÚDE! 130

ALMA VIRGEM 130

INVESTIGAÇÃO I 131

INVESTIGAÇÃO II 131

DOR DE CABEÇA 132

TDA 132

BRINCADEIRAS... 133

VIDA E MORTE.. 134

SEGREDOS.. 134

LÁ VEM O TREM.. 134

RELAÇÕES HUMANAS.. 135

ELETRO 136

DEXTROCARDÍACO 136

DESGOVERNO 137

INFÂNCIAS 137

TRUCO 138

VIVER É PERIGOSO 138

PARQUE 139

CÉREBRO X CORAÇÃO.. 139

APRENDIZAGEM 140

TRATAR DE CRIANÇA NÃO É BRINCADEIRA 140

MÉDICA DA ALEGRIA 140

TONTA.. 141

LABIRINTITE... 141

PISTOLA.. 142

INCOMPREENSÃO 142

PEQUENO GRANDE ERRO... 143

O ESTRAGO ESTÁ FEITO 144

SUSTO 145

RELATIVIDADE 146

VIDA DE GADO ROTULADO... 147

MIUDEZAS 147

POUCAS E BOAS 148

SE EU MORRESSE AMANHÃ 150

SAFADEZA 151

SIGA ADIANTE.. 151

VENDO TRANQUILIDADES 151

PROCUROU E NÃO ACHOU 152

LIPIDOGRAMA.. 152

DA PEDIATRIA PARA A GINECOLOGIA 153

SURPRESAS... 154

FIO A PAVIO 155
TUDO É CULPA DO FÍGADO 155
ABRIGO INFANTIL 156
PEQUENO *GENTLEMAN*..156
CUIDADO! 157
FÉRIAS... 157
JOÃO E O PÉ DE FEIJÃO... 157
BRUXISMO.. 158
ÂNIMO 159
ORIENTAÇÃO SEXUAL 160
PAIXÃO... 160
INTERPRETAÇÃO 161
FISIOLOGIA 162
O IMPOSSÍVEL MORA PERTO... 163
ROUPA SUJA... 163
OLHA A RIMA QUE DÁ 164
CONFISSÕES 165
NOBREZA... 167
DESTINO.. 168
NÓ.. 170
SALVE, SALVE, IMUNIDADE! 171
QUESTÕES... 171
DESUNIÃO... 172
TEMPO INDETERMINADO 172
LINDA SURPRESA 173
A PLACA QUE NÃO DEVERIA EXISTIR 174
ANTECEDENTES FAMILIARES 175
AS CRIANÇAS DO FUTURO.. 175
DESNECESSÁRIO 176
BENZIMENTO.. 177
INTERROGATÓRIOS... 178
SIC.. 179
A VIDA TEM A DURAÇÃO DE 24 HORAS......................... 179
ENSINAMENTOS DA PEDIATRIA..................................... 180
A MÉDICA LOUCA... 181
RESPIRE 182
PRESENTES... 182
INTELIGÊNCIA X FELICIDADE 182

DOSES 184
DOSE CERTA 185
DISPNEIA 186
BOCA SUJA... 187
ELETRODOMÉSTICO 187
URGÊNCIAS 188

INTRODUÇÃO

Tentei ser compreendida. Evitei palavras difíceis, nunca ousei explicar para a mãe de alguma criança que sinusite era uma inflamação dos seios paranasais, sempre temi que imaginassem seus seios inflamados causando danos aos filhos. Procurei explicar, de uma forma simples, que temos ossos na face que possuem cavidades sujeitas à inflamação.

A compreensão é, para mim, a base do sucesso terapêutico. E com esse pensamento escrevi este livro de fácil entendimento.

O objetivo é ter sucesso na hora de lazer de todo leitor que deseja conhecer os bastidores da pediatria: ora engraçados, ora tristes, mas eternamente ternos.

A autora

LESÃO DE ESFORÇO REPETITIVO

Teve LER
De tanto ler e escrever
Esforçava-se
Repetidamente
Para se fazer entender.

Dans la médecine, comme dans l'amour, ni jamais ni toujours.

(Na Medicina, como no amor, nem nunca e nem sempre).

(Provérbio francês)

IDADES

Mãe aos 14 anos, trouxe seu filho para retorno da consulta.
Casada e muito feliz no casamento, segundo ela. Menos mal.
Enquanto eu analisava os resultados dos exames, pensei alto, em tom baixo: "Tem um e sete", a idade do rebento.
Ela, assustada, falou:
— Pelamor, doutora? O que ele tem? Que doença é esta, "tenunesete"?

QUEM É VOCÊ?

— A mãe deste bebê está preocupada.
Eu:
— Você é o que dele?
— Mãe!
Passado um tempo:
— A mãe dele quer saber se...
Eu:
— A mãe dele é você, não é?
— Sim, a mãe dele sou eu!
Se ela falasse que a mãe dele mandou dizer que a mãe dele era ela, eu sairia correndo de medo.

BABEL

— E por quanto tempo você deu este remédio para ele?
— Seis meses.
— Não. Há seis meses o médico prescreveu. Está aqui na receita. Você falou que não dá mais este remédio faz tempo!
— Duas vezes ao dia.
— Não! Quanto tempo você deu o remédio para ele?
— Não dou mais.
— Eu sei! Há quanto tempo você parou de dar este remédio?
— Ah, doutora, entendi. Não me lembro.

DIÁLOGOS

Um minuto de diálogo compreendido vale mais do que quanto tempo de incompreensão?

CRIANÇA NÃO É COFRE

Que mania é esta de dar moedas para a molecada brincar? Depois correm desesperados atrás da pediatra porque não conseguem fazer o saque.

"Engoliu 25 centavos!".

"Engoliu 50 centavos!".

Ainda bem que são econômicos e não entregam as moedas de um real.

Dieta laxante, vasculhar o detrito e pronto. Na maioria dos casos, já podem ir comprar o pão.

ALEGRIA

Vejo tanto sorriso
neste povo sofrido
Tanta gentileza
em bocas desdentadas
Será este o paraíso?
De onde tanta alegria?
(Penso com demora)
Eles estão por dentro
De algo que estou por fora?

MEDO

A avó materna:

— Doutora, esta criança de 10 anos presenciou a briga da mãe dela com a mulher do amante. Foi uma cena terrível. Agora, cada casal perdoou o parceiro, mas moram todos na mesma rua e esta inocente está no meio da polenta. Eu a trouxe porque, desde então, ela não confia mais nem na própria sombra, morre de medo de gente.

NEM TUDO SÃO VERMES

Criança em quadro de broncoespasmo, com dificuldade respiratória.
— Bom dia! O que está acontecendo com esta lindinha?
— Nada. Só vim pegar uns remédios de vermes.
— Pelo visto não é isso o que você vai levar hoje.

FIRMEZA SEM PERDER A TERNURA

— Doutora, ele precisa de uma psicóloga. Ele não obedece a ninguém!
Após anamnese, pedi firmemente para o menino de 8 anos deitar na maca. Ele deitou. Examinei. Pedi para ele sentar. Sentou. Pedi para abrir a boca. Abriu.
— Pois é! Ele me obedeceu, você percebeu?
— Percebi.

— Firmeza, mãe. Firmeza sem agressividade é tudo do que você precisa. Entendeu?

— Entendi. Mas a senhora vai me dar o encaminhamento para a psicóloga, não vai? Porque eu não dou conta de tanta desobediência.

— Vou.

AMOR

O Dr. Amor não cura tudo.

Não vamos dar tanta responsabilidade a um médico tão especial.

Ele pode não dar conta do recado, mesmo dando o melhor de si, e ficar frustrado.

É um bálsamo, sem dúvidas, na medicina curativa. Mas se eu pudesse, colocaria o Dr. Amor também no setor de medicina preventiva.

Na prevenção é menor o risco de frustração e maior a possibilidade de transmissão.

BISTURI

Um médico que se preze deve ser livre de preconceitos.

O preconceito é a base da intolerância e a intolerância é a base do fanatismo.

O fanatismo religioso, político, financeiro, sentimental, ou qualquer outro que o valha, é cego.

Faca amolada, bisturi.

SEM PERIGO

Como uma criança, perdeu a noção de perigo. Perdeu o medo de tudo. Tinha medo de nada. Só não colocava prego dentro da tomada.

Já que viver é muito perigoso até dentro da própria casa, resolveu sair da casinha.

Afinal, no quintal, o que é mesmo que tinha?

AUTO
CONHECIMENTO

Menino de oito anos, atendido por mim desde que nasceu.
— O que você tem?
— Nada!
— Uai! Então por que você veio consultar?
— Porque a minha avó quis.
Após a consulta, concluí:
— Ele não está doente. Está saudável.
Ele:
— Viu, vó, como eu me conheço?
Ganhei dois abraços.
Um na entrada e outro na saída.
Abraços que me reabastecem, daqueles que sabem de si.

TEMPO

A mãe ficou um bom tempo na recepção, aguardando para me mostrar os resultados de exames.

Entrou, sentou e começou a procurar os exames dentro da bolsa.

Tirou de lá: a certidão de casamento, a certidão de nascimento, a coleira do cachorro, o batom, o pó de arroz, a famosa toalhinha, o coelho, a cartola, e num passe de mágica gritou:

— Esqueci na outra bolsa!

DESGRAÇA POUCA É BOBAGEM

Comecei o meu dia com um pequeno atraso feliz.

Escapei de presenciar uma tentativa de assalto de um carro na frente da Unidade de Saúde. Tentativa. Porque, apesar da arma, a dona do carro não entregou o carro. A "coragem" daquela mulher mais os gritos dos pacientes deixaram os assaltantes assustados. Voaram na moto. Tchau.

Não vi. Mas sei de toda a história e "mais um pouco". Cada paciente que atendi me contou o susto que passou. E teve até quem me contasse que houve tiros para cima. Não houve. Esse é o "mais um pouco".

MENSAGEM NA GARRAFA

Gostaria de passar a mão em seus cabelos brancos, fazer uma sopinha bem saudável de vez em quando para você, colocar a sua meia, pegar sua mão, levar você ao médico, lembrar seus remédios.

Ouvir as suas memórias. Rir e chorar juntos no momento de sua maior fragilidade.

Gostaria, meu filho, de estar presente em um futuro distante, na sua velhice. Provavelmente lá não estarei. Logo, desejo a você uma saúde de ferro – vida longa – e que no futuro tenha uma companhia que dê a bronca que eu daria quando você mijar torto na privada.

PONTOS CARDEAIS

Meu norte
És tu
Leste?
Ouviste?

PRAZO DE VALIDADE

A mãe do pequeno paciente:
— A senhora tem que durar mais 10 anos porque até lá meu filho já terá 14 anos.
Já posso morrer?

RESILIÊNCIA INFANTIL

Criança de 5 anos com infecção urinária. Já passou por outro médico que prescreveu sete injeções. A infecção persiste. A criança está urinando sangue, macroscopicamente.
— Solicitei alguns exames e prescrevi mais cinco injeções de um outro medicamento.
A menininha:
— Só mais cinco? Graças a Deus! Pensei que seriam mais sete!

MEMÓRIAS

Criança em tratamento de doença crônica. Prontuário extraviado, fato comum na rede pública na era pré-histórica da informática.
Eu, para a mãe de 45 anos:
— Você lembra há quanto tempo ela está tomando este remédio? É importante saber isso e eu não lembro, pois atendo muitas crianças.
— Também não lembro. Mas pode deixar, doutora, minha mãe se lembra de tudo.
— Quantos anos tem sua mãe?
— 75 anos.
— Oba! Que maravilha!

ABENÇOADA

Mulher de 62 anos, de Buenos Aires. Aos 23 anos teve câncer de ovário e sobreviveu. Teve uma única filha, asmática, que se casou com um dentista em Madrid e lhe deu uma neta. Essa filha, aos 43 anos, teve um infarto agudo do miocárdio e faleceu na Espanha. A mulher, de 62 anos, com poucos recursos financeiros, não teve condições de ir dizer o último adeus.

Hoje tem problemas graves na coluna, diversas tendinites crônicas, é retalhada de cirurgias e sente muitas dores, essa bela mulher com um belo sotaque espanhol.

Trouxe para a consulta duas crianças, filhos da vizinha, e acabou me contando a sua história de vida. Finalizou mais ou menos assim:

— Doutora, eu sou pobre. Mesmo assim colaboro com duas entidades filantrópicas. Vinte reais por mês, dez reais para cada uma. Sinto pena das pessoas, sempre ajudei muita gente.

E com lágrimas escorrendo pelo rosto, perguntou-me:

— Por que sofro tanto assim?

Não respondi. Apenas fiquei olhando para ela, em silêncio.

Na saída, olhou para trás e me falou:

— Deus te abençoe! Continue amando desta maneira.

Eu nada fiz. Pouco falei, apenas senti. Ela sentiu que eu senti e me abençoou.

PALAVRAS

Gosto tanto das palavras que gosto de vê-las
saindo da boca com elegância.
Não importa a concordância.
Importa o tom, a forma, a vestimenta iluminada sob a luz de um
belo olhar.
Não gosto de vê-las correndo dos lábios,
gritadas, assustadas com a faca na mão,
sob um olhar desesperado, jogando a vestimenta no chão.
Nuas e cruas, cruéis.
Sofro ao vê-las assim,
mas elas não me pertencem
por mais que eu as queira belas.
Pobre delas.
Pobre de mim.

POSICIONAMENTO MÉDICO

Por que será que médicos em novelas fazem o exame físico posicionando-se ao lado esquerdo do paciente?

O médico deverá estar sempre ao lado direito do paciente, o mesmo lado em que o fígado é localizado.

Se o médico for para a sua esquerda durante o exame físico, desconfie que é teatro!

VOCÊ SABIA QUE...

Um medicamento pode fazer mais efeito em mim do que em você?
E que um antialérgico pode dar alergia?
(Aposto que isso você não sabia.)

Em cada qual o seu efeito ou a sua resposta colateral.

EFEITO ZUMBI

O efeito zumbi é cientificamente conhecido como torpor, prostração, apatia e insensibilidade.

Esses sintomas podem fazer parte do quadro depressivo ou do efeito colateral do antidepressivo.

EU. A PACIENTE

— Doutor, eu não estou bem, este sintoma está alterando a minha rotina.

— Mas você não tem nada, os exames complementares comprovam esse fato.

— Então, por favor, prescreva algo para nada, porque este sintoma está insuportável.

"A clínica é soberana!"
(Devemos tratar o paciente e não os exames.)

"*Medice, cura te ipsum.*"
(Médico, cura a ti mesmo.)

DIRETA E RETA

Menino de 13 anos, acompanhado pelo pai alcoolista e cuja mãe "deu no pé".
Queixa principal: está indo mal na escola, às vezes foge de casa na madrugada e só volta de manhã.
Pergunto para o adolescente:
— Você quer ter uma profissão decente e uma vida mais tranquila ou quer mesmo entrar para o mundo do crime e talvez morrer mais cedo do que você pensa?
— Quero ter uma profissão decente.
— Então vai ter que estudar e parar com as sacanagens. Concorda?
— Concordo.
— Neste caso vou encaminhar você e seu pai para a psicóloga. Ela vai ajudar vocês.

QUEM VÊ CARA NÃO VÊ CORAÇÃO

Atendi um lindo casal com um bebê de 30 dias.
No final do atendimento, a mulher olhou para o marido e perguntou:
— Mais alguma dúvida, meu querido?
— Não. Só queria saber sobre a necessidade de chás nesta idade e a doutora já me respondeu.
Eu finalizei:
— Vocês estão de parabéns. O bebê está ótimo. Vejo vocês em 30 dias ou antes, caso necessário.
Este casal saiu da consulta, o marido agrediu a esposa em público, levou o carrinho do bebê até o asfalto e destruiu o carrinho na pancada.
Uma avó, de aproximadamente 60 anos, que aguardava atendimento, enfrentou a fera, correu atrás dele e ele fugiu.

BRASÍLIA

Um pai insistente queria furar a fila de atendimento.
— Não, não dá. Seu filho está bem e os outros pacientes não vão gostar.

Não adiantou. Invadiu o consultório dizendo que tinha pressa, inúmeras vezes.

Comecei a ficar preocupada, resolvi atendê-lo e ficar livre da pressão. Ele era o último da lista. Foi o penúltimo, resisti bravamente!

Depois comecei a ouvir gritos desesperados na recepção. Abri a porta para ver o que estava acontecendo.

Uma idosa, de cabelos longos e brancos, esbravejava:

— Sejam bonzinhos para morar em Brasília, se não todos vocês vão morrer na miséria!

CADA UM SABE ONDE APERTA O SEU SAPATO

Menino de 4 anos.

O pai começa a contar sobre a doença da criança. O pequeno passa a mãozinha no braço do pai e diz baixinho: "Dá licença para eu contar?".

O pai olha sério para ele. Com um certo medo e educadamente, ele repete: "Eu pedi licença!".

Antes que o pai falasse qualquer coisa, eu falei para o pequeno: "Conte! O que você sente?".

Ele contou. Eu entendi.

PARA UM BOM ENTENDEDOR MEIO CONTO BASTA

— Doutora, ele está com amigdalite de novo. Os médicos só prescrevem amoxicilina. A senhora poderia passar outro antibiótico?
— Na rede pública este é o antibiótico mais indicado para este quadro. Você pode comprar um outro antibiótico?
— Não.

PRÉ CONCEITOS

A mãe da criança:
— Doutora do céu... meu marido me largou por causa de uma "outrazinha" que bebe muito e além de tudo é cheia de tatuagens!
Quase escondi meus dois bracinhos tatuados debaixo da mesa.

CORES

Menina de oito anos, acompanhada pela mãe:
— Eu a trouxe porque ela está colorida, doutora!
Olhei atentamente para a criança.
— Colorida?!
— Sim. Alguns dias ela acorda amarelinha. Outros, verdinha. E às vezes, vermelhinha.

MEDICAMENTO PARA TODAS AS TRIBULAÇÕES!

As mulheres que foram submetidas a uma histerectomia sem ooforectomia (retirada cirúrgica de útero sem a retirada de ovários) antes da menopausa vivem um dilema: a TPQ – Tensão Pré-Qualquer Coisa que não seja menstruação, a TPM sem útero.

Sem contar que com a proximidade dos 50 anos de idade fica sempre a questão: será que esta labilidade emocional é consequência do climatério ou será que ocasionalmente eu estou realmente muito nervosa ou triste de verdade?

Na dúvida, resolvi comprar cápsulas da famosa amora branca. Parece ótima para essas questões. Chegando à farmácia pedi o produto. A farmacêutica:

— É muito boa para os calorões!

(Eu não tenho calorões!)

Indaguei:

— Só para calores?

— Não! Para todas as tribulações!

— Todas?! Pensei que fosse só para aquelas relacionadas à menopausa! Vou comprar um pé de amora branca!

SURDEZ SELETIVA

— Doutora, eu falo "arto", mas o menino não me "escuita", acho que ele tem "pobrema no zouvido".

Examinei o menino de 10 anos. Tudo certo, otoscopia normal.

Fiquei atrás da criança, mais ou menos a um metro de distância, e sem que ele me visse bati um papinho com ele. Falei bem baixinho, quase sussurrando, e ele respondeu tudo corretamente. Em um tom maior, perguntei para a mãe:

— A senhora acha mesmo que ele é surdo?

Ela deu risadas e falou:

— Acho que não, ele "escuitou" tudinho!

Dar o diagnóstico é fácil. Difícil é "resorvê o pobrema".

DURO NA QUEDA

Menino de 6 anos chegou dando pulinhos apenas com um pé.
Dor em membro inferior direito após queda.
Perguntei:

— Você não consegue mesmo dar ao menos um passo com os dois pés?

Resposta:

— Doutora, a senhora já caiu do muro?

— Não! Meu muro tem cacos de vidro em cima!

— Ah, bom! O meu, não!

PEQUENOS E GRANDES ESPINHOS DA PROFISSÃO

Levei um "espirrão" que voou catarro no meu braço, jaleco e alguns respingos na cara.

— Pequenos espinhos da profissão.

Depoimento de uma criança de 6 anos, sexo masculino, institucionalizada, bem nutrida e muito inteligente:

— A comida da minha mãe é muito gostosa, mas ela é muito nervosa. Ela me bateu, eu caí e bati a cabeça. Olha o galo. Ela está se tratando. Eu rezo todos os dias para ela sarar logo porque eu quero voltar para casa, mas não sei se vou voltar porque meu pai é traficante e foi embora para sempre. Ele disse que nunca iria deixar faltar nada para mim, mas mentiu. Minha mãe está desempregada. Talvez eu não volte para casa.

— Grandes espinhos da profissão.

CORAÇÃO

Há miocárdios tão fofinhos que convidam ao berço, assim como há alguns tão durinhos que me lembram um pula-pula, uma cama dura, que a gente vira para lá e para cá e não encontra repouso.

CONVERSAS DESALINHADAS

— Doutora, não passa injeção para a minha filha porque a dor dela dói mais nela do que em mim.

— Trouxe a criança para consultar porque ela está "desanormal".
Pensei: "Então ela deve estar 'normal'".

— Não se preocupem, isto é fisiológico.
A criança, de 3 anos, para mim, num sorriso largo:
— Eu também gosto muito de ir no zoológico.

TEIMOSIA

O pai, perto dos 30 anos, diz o seguinte durante a consulta:
— Ele está cagando muito.
— Quantas vezes ele evacuou hoje?
— Cagou seis vezes.
— E como estão as fezes dele?
— Cagou mole e fedido.
— E como está a cor do cocô?
— Cagou verde.

Moral da história: se você não quiser aprender, você nunca vai aprender.

DEMAIS

Tratei de ler Tratados
Para tratar Poesia
Não li muitos poetas
Mas bem que eu queria

Queria ser duas de mim
Pra dar conta do recado
Uma foi pouco pra tanto
Sempre quis ser mais e mais
Talvez seja este o meu pranto
Talvez seja este o meu canto
Talvez seja este o meu cais.

A CULPA
SEMPRE
É DO OUTRO

Usar repelentes contra picada de mosquitos é equivalente à blindagem de carros em tempos de violência.

O ideal é cada um cuidar de seu quintal.

Mas todos reclamam que o vizinho não cuida.

"Mens sana in corpore sano".
("Mente sã, corpo são.")

INTEIRA

A gota está na gota
Na articulação dolorida
Nos tofos gotosos
No remédio
A gota está na goteira
No esgoto
Na mágoa
Na lágrima
No gozo
Faz parte como um todo
Não existe meia gota
Não existe meio louca
Não existe meia boca.

CONTÁGIO

Criança de 5 anos, com algumas lesões bacterianas no braço: impetigo bolhoso.

(No popular, com "perebas", das grandes.)

O pai perguntou se era contagioso. Sim, mas apenas ao contato direto ou indireto com a lesão. Expliquei tim-tim por tim-tim. Todos entenderam, inclusive a criança. Essa criança saiu do consultório, foi até a recepcionista e esfregou o seu braço lesionado no braço da minha colega de trabalho. Esta veio correndo falar comigo meio sem entender o ocorrido. Mas eu entendi tudo.

Lembrei de uma amiga que afirma a existência de crianças cruéis, o que ainda não concordo. Isso tem outro nome.

JULGAMENTOS

A mãe de uma criança de 6 anos com o diagnóstico de hipertrofia de adenoides (a famosa "carne esponjosa"), após o atendimento, disse que era católica apostólica e que desejava avaliar a minha "filosofia de vida" com duas perguntas.

Perguntou-me, com a postura de quem é "dona da verdade":

— O que você acha da ideologia de gênero?

— Você é a favor ou é contra o aborto?

Vem, Jesus.

Vem!

O NÓ DO BOROGODÓ

Não é de bom tom ter dó, já dizia a minha avó
Mas não aprendi a lição
Tenho dó da alegria que virou tristeza
Da taça vazia sobre a mesa
Tenho dó da energia tornada apatia
Da vida transformada em morte
Tenho dó dos passos cambaleantes, entregues à própria sorte
Tenho dó de mim, de você, de nós
Do vinho não bebido que cala a minha voz
Tenho dó, a sós, disfarçadamente,
Pois não é de bom tom ter dó, já dizia a minha vó.

TATUAGEM

Olhou para as minhas mãos tatuadas e falou:
— Doutora, a senhora me tatua?
— Como? A tia não é tatuadora.
Ele pegou o meu carimbo, deu nas minhas mãos e falou:
— Tatua o meu braço.
Carimbei o meu nome, feito tatuagem.
O pequeno paciente foi embora tão feliz que já parecia curado.

OLHARES VAZIOS

Tenho um baque emocional sempre que atendo uma mãe com um olhar tão vago que a primeira pergunta que faço é: "Que remédio você está tomando?".

Aí é só esperar a bomba. Sempre dois ou três psicotrópicos.

Meu olhar vaga pela criança. Eu vago pelo espaço em questão de segundos. E volto sem que ninguém perceba que divaguei, pois preciso chamar ao chão aquela que vagueia.

CULPAS

"A senhora vai me xingar porque eu não fiz os exames do meu filho".
Não. Não xingo. Quem se acha merecedora de um xingamento, já sabe que tem culpa no cartório.

DECEPÇÃO

Meu pacientinho tão decepcionado com a vida!
Sempre orientei e encaminhei para a psicóloga. Mas agora ele já tem 10 anos.
Mudei de tática:
— Pode parar! A vida é assim. Feita de decepções e alegrias. Acostume-se porque muita coisa ainda virá.
A verdade pode doer menos do que a imaginação mal utilizada.

VIOLÊNCIA NÃO REGIONAL

Aqui por estas bandas, às vezes é assim: "Dotôra, ele tá com muito cataro e tá escarando amarrelo".
É regional.
Um lourinho muito inteligente de 2 anos e meio, que está vivendo em uma instituição infantil, ao entrar no ambulatório, falou: "A poliça levou o pai e a mama embola. O pai delubou o tojão".
Seria também regional, tamanha violência?

*Tojão = fogão

PÁTRIA COMPLICADA. BRASIL

Os pais de uma criança:

— A outra doutora prescreveu esta medicação, mas o cara da farmácia aconselhou a gente a não usar este remédio. Não medicamos o nosso filho e ele não sarou.

Avaliei a situação e vi que a médica agiu corretamente.

— Vocês preferem acreditar em um vendedor de remédios? Isto é um absurdo! Façam o que a médica prescreveu. Vocês devem confiar nos médicos e não nos balconistas de farmácia!

Próxima consulta:

— Meu bebê teve infecção urinária aos 3 dias de vida e a médica do outro posto prescreveu sulfa.

Eu, assustada, questionei:

— Sulfa aos 3 dias de vida?

(Isso não é indicado.)

E pensei:

— Meu Deus! E o cara da farmácia deixou?! Que balconista irresponsável!

INTERPRETAÇÃO

Criança de 10 anos acompanhada pelos pais. Pai e mãe surdos. Motivo da consulta: os pais acham que ela não escuta. Ela respondeu prontamente aos meus questionamentos. Quando não sabia a resposta, perguntava ao pai, por meio da linguagem de sinais. Sim, ela sabe comunicar-se melhor do que eu. Ela é uma intérprete.

INTERLÚDIO

Atendi criança que chora
Mãe que chora
Dor de ouvido
Catapora
Passo o álcool na maca
Puxo o papel-lençol
Enxaqueca
Terçol
Final de expediente
Sexta-feira
Relaxo a lombar
Missão cumprida?
A porta range mais três vezes: visita amistosa de um antigo paciente
que cresceu, criança pedindo dinheiro emprestado e visita de repre-
sentante comercial. — Que remédio, amigo meu?
Vou-me embora.
Já atendi as pessoas que choram
A vida é assim
Agora sou paciente de mim.

PEQUENEZ

Criança com baixa estatura, mas sem indicação para tratamento medicamentoso, segundo a endocrinologista. Quando falei para a mãe e para a criança que os exames estavam todos normais e que a conduta seria expectante, a pequena caiu em um choro convulsivo repentino. Vítima de bullying, desejava tomar um remédio e crescer. Quem sabe assim seria mais feliz.

Simplesmente crescer. Mas o que cresce mesmo na nossa sociedade é a fila de espera para a psicoterapia. Graças à pequenez das atitudes.

PARTO NORMAL

Uma prescrição
é um filho que nasce
sem dor.
Não seria pedir muito:
— Respeite o meu filho,
por favor!

Não teve raquianestesia
Nem peridural
Nasceu do meu esforço.
É parto normal.

ÓCULOS VERMELHOS

5 anos,

portador de uma síndrome neurológica.

Foi ao neurologista particular, mas a família não tem condições financeiras para fazer os exames complementares solicitados. Entrará em uma fila quilométrica para ser atendido pelo neurologista do SUS. Ele esperará por um longo tempo, com o seu grande estrabismo e seus pequenos óculos vermelhos e tortinhos na pálida face.

NOVOS BELOS TEMPOS

Criança adotiva, muito bem cuidada, cujo responsável é homossexual.

A criança foi abandonada por pais heterossexuais.

Eu me sinto muito feliz por ter tido a oportunidade de participar destes novos tempos, como pediatra, em que muitas vezes o valor maior é o amor.

CAIXA DE SURPRESAS

Criança acompanhada pela avó de 67 anos cujo marido morreu de aids, surpreendendo toda a família com a sua doença e seus casos amorosos, após 30 anos de casados.

A senhora passa bem, obrigada.

Não foi contaminada, por um milagre, segundo ela.

CHATICE

No ambulatório: a mãe, o pai com um bebê no colo e mais três filhos. Quatro consultas, tipo leve três e pague um.

Quando perguntei a queixa da criança de 6 anos, os pais se olharam e responderam que não sabiam o motivo da consulta.

O mais novinho, mais do que ligeiro, respondeu: "O motivo deve ser 'chatice', doutora. Ela é muito chata".

Pensei: "Se eu tivesse remédio para chatice, meu querido, estaria rica. Ou não. Porque os chatos nunca sabem que são chatos".

Imaginei a surrealidade: "Estou aqui fazendo esta consulta porque sou chato".

A irmã dele não era chata. Nem ele, o delator da chatice.

Chato é marcar a consulta sem saber o motivo.

PEQUENA CONFUSÃO

— Chegou uma criança agora com muita dor abdominal, a senhora pode atender?

Atendi.

Vesículas por todo o corpo.

Varicela zoster ou catapora, se preferir. É a mesma doença com nomes diferentes.

Ausência de dor abdominal.

O importante é não errar o diagnóstico, mesmo que o mundo me confunda.

PALIDEZ

Nem toda palidez é anemia.
Há pálidos do coração, de indigestão e de pulmão.
Há pálidos de susto, de medo e outros segredos.
Há pálidos de frio e de frieza.
E há pálidos de tristeza.

NEGAÇÃO

Criança de 1 ano e 3 meses.
Peso: 6 quilos.
Primeira consulta.
Queixa principal: "alergia ao calor".
— Sua filha está em um processo grave de baixo peso.
— Ela é prematura.
— Mas não é por isso. Ela já tem mais de 1 ano e tem o peso de uma criança de 6 meses.
— Mas o pai é magro.
— Também não é por isso. Vou te encaminhar ao Centro de Nutrição.
— Mas ela mama bem.
— Olha, sua filha está desnutrida. Se ela adoecer por algum motivo, por exemplo, uma "pontada" de pneumonia, poderá correr sério risco de vida. Entendeu?
— Acho que entendi.

O ENGANADOR

Pai de uma criança de 5 anos:
— Agora deite lá que a doutora vai te dar uma injeção.
Eu:
— Não fale assim. Ela vai ficar assustada.
— Mas eu quero brincar com ela.
— Brinque de outro jeito. Não enganando.
— Mas eu gosto é de enganar.
Eu, para a criança:

— É brincadeira do seu pai. Eu não vou te dar injeção. Pode ficar tranquila.

Ele:

— Ela vai sim!

Orientei o pai, tranquilizei a pequena e fiz o que tinha que ser feito. Passei para a consulta da outra filha, esta de 5 meses de idade.

O pai:

— Que chato! Esta eu ainda não consigo enganar!

EXTRA!
O POVO PASSA A PERNA NO POVO!

Entraram duas mães e duas crianças no ambulatório.

Atendi aquela que chamei para a consulta.

A mãe, que a tudo assistia e que eu pensava ser apenas acompanhante, falou o seguinte:

— Somos amigas. A senhora poderia atender o meu filho agora?

— Ele tem prontuário?

— Sim. Ele "era" o último.

NÃO ENTRE
NA PIRA
DOS DESESPERADOS

Saí do consultório (e nunca saio antes de terminar o atendimento) para buscar o lençol de papel que tinha acabado, quando uma mãe enlouqueceu:

— Onde você pensa que vai? Meu filho ainda não foi atendido! Eu estou com pressa, cacete.

Serenamente, respondi:

— O seu filho será atendido em breve, não se estresse.

Rapidamente voltei, como de costume.

— Viu? Fui atrás do seu bem-estar.

CRESÇA E APAREÇA - OU DESAPAREÇA

Alguns pais não suportam "perder o trono" quando nasce um filho.

O corpo da menina torna-se um corpo de mulher. A namorada torna-se mãe. Produz leite. E o leite da mulher amada não os sustenta.

Há homens que não encaram tamanha transformação. Afastam-se. E quanto mais eles se afastam, mais a mulher torna-se mãe, até mesmo pela força das circunstâncias.

Quando eles voltam, sem saber, voltam como filhos. Pela imaturidade sentida. E porque não foram parceiros quando a parceria era fundamental.

E a mulher esquece o que é ser mulher. Só sabe ser mãe.

A relação entre o casal torna-se quase incestuosa.

LIMPEZA

— Doutora, ontem consultei a minha filha e o médico passou esta receita. Achei exagerada e não dei os medicamentos.
Após a consulta:
— E então? Precisa de tudo isso?
— Não.
— Bem que eu desconfiei, porque as oito crianças que estavam lá saíram com a mesma receita! O que a senhora acha disso?
— Não digo nada.
— Só observa?
— Só observo.
— Será o final de ano ou será o final dos tempos, doutora?
— Não digo nada. Só observo.
Ela foi embora rindo. Feliz por não ter que dar aqueles remédios para a filha. E de mim.
Eu observei.

VER PARA CRER

Quase caí da cadeira quando, subitamente, a mãe colocou o verme que a criança expulsou em cima da minha mesa. Grande e feio. Um horror.
É preciso muita poesia para neutralizar nossas misérias.
Uma senhora falou que agosto é o melhor mês para o tratamento de verminoses. Perguntei o motivo:
— Porque agosto é o mês de poda das videiras.
Há muitos mistérios entre o céu e a Terra e eu não estou aqui para entender tudo.

TEMPO DE VALIDADE

O adorável pequeno de 8 anos não veio acompanhado por sua jovem mãe de 28 anos, sempre sorridente.

Estava com a avó materna, também sorridente.

Eu:

— Cadê a mãe, lindinho?

— Morreu.

— Morreu?! Quando?

— Há 15 dias.

A avó:

— Embolia, doutora. Ela inventou de tirar um nódulo que tinha na perna desde criança e complicou. Ela já estava em casa e estava muito bem. Foi repentino.

— E vocês? Estão bem?

— Estamos, graças a Deus! Eu aprendi desde cedo com o meu pai que a gente nasce com o prazo de validade na testa. Ninguém morre antes da hora, tudo tem o seu tempo. Só resta aceitar.

Ele, o adorável, com a cara boa, também sorridente:

— Eu estou bem, doutora. Dizem que estou melhor do que todos. E acho que estou.

SUFOCO

Algumas pessoas são inspiradoras.
Outras, expiradoras.
E outras, ainda, causadoras de apneia.

Na infância, Revenil — para respirar melhor, um broncodilatador.
Na fase adulta, Rivotril — para diminuir o pavor.
Na velhice, Isordil — para tirar do peito a angina e não morrer de amor.

RETORNOS

Você já viu alguém banguelo porque nunca nasceram dentes?
Tudo tem o seu tempo.
E o tempo de um pode não ser o tempo de outro.

Tinha um bom coração: recebia sangue oxigenado e distribuía o oxigênio ao corpo inteiro, dos pés à cabeça.
Um coração que plantava e colhia, pois o retorno venoso sempre acontecia.

Algumas pessoas não sabem que as famosas fórmulas de leite em pó são leite "de vaca" em pó.
Logo, são mais apropriadas para o bezerro, mesmo que caras.

ANATOMIA

Menina de 5 anos, acompanhada pelo pai.

— Doutora, a minha professora falou para o meu pai que eu não sei nada do corpo humano, mas eu sei. É que na hora eu fico nervosa porque é muito difícil!

— O que você sabe?

— Eu sei onde é a minha axila, meu tornozelo e meu cotovelo, que é o mais difícil. E o resto eu sei tudo.

SAUDADES

A mãe social é a cuidadora das crianças e tem duas assistentes. Recebe um pagamento da prefeitura e vive de doações.

Atendi uma mãe, com 60 anos de idade, que cuida de dez pequenos.

Duas crianças, irmãos de 7 e 10 anos, estão com as malas prontas. Foram adotados por um casal homoafetivo.

A mãe social já chora de saudades, mas sorri de felicidade.

POUCO E MUITO

Perguntei:

— A criança já come de tudo?

A mãe respondeu:

— Come de tudo, do pouco que tem.

Estava dando umas dicas para a linda criança gordinha de como perder peso.

Ela me falou:

— A senhora percebeu que a minha mãe também é gorda?

— Percebi! Todo mundo vai entrar na dança! Você não está sozinha nessa!

SINA

Triste sina a dos médicos: ao perceber um sintoma em seu próprio corpo já vem à sua mente no mínimo dez diagnósticos. Dos mais amenos aos mais tenebrosos. E se no caso em questão a vítima for um médico que dá asas à imaginação, é somatização sofrida nos mínimos detalhes.

Sem contar que a doença no próprio médico geralmente não exibe a sua forma clássica. Isto é quase uma lei. Um desafio, um mistério.

A ignorância pode ser uma bênção. Ela pode diminuir o grito da realidade.

DELAÇÃO

— A senhora pode me dar um remédio pra bactéria? Ontem eu vi um vídeo de um menino cheio de bactéria.

A mãe:

— Vermes, menino! Vimos na internet, uma coisa horrorosa. Ele ficou impressionado!

Ele:

— É! Vermes! A minha mãe não sai do celular, doutora!

AMIGOS INVISÍVEIS

Menino de 9 anos, lindo e inteligente, interage com dois amigos invisíveis. O do bem tem roupa azul. O do mal tem roupa preta e usa máscara. Ele sente medo do segundo e não tem coragem de perguntar de onde eles estão vindo. Acha divertido o primeiro.

Repentinamente ele olha sério para mim durante a consulta. Eu fiz cara de assustada e falei:

— Vai me dizer que o de preto está atrás de mim!

O menino riu muito, mas eu fiquei preocupada. Amigos invisíveis normalmente são vistos até 7 anos de idade. E pode indicar uma grande solidão, principalmente quando, mesmo temidos, são preferidos diante dos amigos reais.

GUERRA INTERIOR

A guerra está dentro de nós desde o dia em que nascemos, entre o antígeno e o anticorpo. E às vezes eles nos lembram disso, tornando-nos febris.

DOM DE ILUDIR

A mãe levou a criança com o diagnóstico de obesidade para consultar.

Fiz a orientação alimentar, indiquei exercícios físicos (caminhar ainda é de graça) e encaminhei para a nutricionista.

Três meses depois, a criança retornou por outro motivo e cinco quilos mais gorda.

A mãe falou que não conseguiu agendamento para a nutricionista.

PALAVRAS SÃO PALAVRAS

Muitos pensam que é mais fácil fazer o diagnóstico clínico de um adulto do que de uma criança, pois algumas crianças não sabem falar o que sentem. Ledo engano! As crianças se expressam melhor até no olhar. Olhamos em seus olhos e já imaginamos a gravidade da situação. No seu sorriso ou no seu pranto, meio caminho andado. Elas possuem expressão corporal honesta, querem sarar logo e respondem rapidamente ao tratamento.

Adultos falam demais. Exageram ou excluem. Dissimulam. Complicam. A dor do dedão do adulto pode ter origem na dor da alma. Infindos tratamentos e pouca resolução, pois a patologia, em alguns casos, é a própria solução.

QUEREMOS AQUILO QUE NÃO OFERECEMOS

— Melhorou a pele do bebê?
— Não.
Ao exame, percebi que a lesão tinha desaparecido.
— Uai! Mas não tem mais nada aqui!
— Foi o pai dele quem falou. Eu não botei reparo.
(Queremos que prestem atenção em nós?)

— Queria que a senhora pedisse exames.
— Mas a outra médica já pediu recentemente, está aqui no prontuário. Você fez?
— Não me lembro.
— Você não lembra se a sua filha fez raio-x e exames de sangue recentemente?
— Não.
(Queremos economizar o dinheiro público?)

A mulher invade a minha sala.
— Pode me passar na frente?
— Por quê?
— Tenho pressa.
— Eu sigo a ordem dos prontuários, minha senhora.
— Eu não vou esperar! Vou denunciar todo mundo!
— Eu sigo a ordem que me passam, minha senhora. Não posso desrespeitar aqueles que aguardam.
— Já vi que com você não adianta falar.
E, brava, foi embora gritando.
(Queremos governantes que nos respeitem?)

PACIÊNCIA

— Vocês preferem que eu prescreva uma única dose injetável ou preferem dar um medicamento via oral por sete dias?

Os pais, em uníssono:

— Via oral!

Fiz a prescrição. Após explicar a forma de utilização, a queixa:

— Mas é muito difícil dar remédio via oral para ela! Não tem outro jeito?

— Vocês acabaram de preferir a via oral. Certo?

— É mesmo. É verdade.

RETRATO EM BRANCO E PRETO

Não sou cara pintada
Sou cara pálida
De susto
Ou de anemia
Susto é espanto
Que causa taquicardia
E vasoconstrição
Susto é coisa do coração
Anemia é falta de ferro
Ou é muito sangramento
Vindo de uma hemorragia
Com gritos de sofrimento
Ou que pode pingar aos poucos
Sem nem sequer um lamento.

REMEDIADO

Um senhor entrou equivocadamente na minha sala, num repente, pensando que eu era a sua médica, e desandou a falar. Falou tanto que não me deu um tempo para dizer que eu não era a sua médica. Resolvi ouvi-lo. Achei que ele não era deste planeta. Um maltrapilho atrapalhado e encantado, que me falou a seguinte frase:

— De todos os remédios que a senhora me passou, bom mesmo foi aquele pra memória.

CONSCIÊNCIA CORPORAL

Se você sente o seu coração bater ou o seu pulmão respirar ou o seu estômago fazendo a digestão ou a simples presença de seu rim, é porque algo está fora da ordem mundial.

Certas coisas (importantes) existem para que não tenhamos consciência de sua existência.

O problema é que, querendo ou não, com o tempo a gente vai se percebendo.

TERNURA

5 anos de idade.

Blusão de plush.

— Hummm! Que blusa gostosa que você está usando, né?

— Quer pra senhora?

11 anos e magro, chega esbaforido na consulta:

— Doutora, eu continuo com o meu colesterol "exaltado". Qual era mesmo a minha nota antes?

— Espera um pouco, vamos ver o seu boletim.

VIVA A NATUREZA

Uma das coisas que mais gosto no exercício da minha profissão é a "desprescrição".

Aqueles casos em que a mãe chega com a criança "zuretinha" e com uma sacola de medicamentos:

— Estou dando tudo isto para ela e ela não melhora.

Após análise do caso:

— Pare com tudo e me traga a criança de volta daqui a dois dias.

A criança volta livre e faceira.

É uma vitória.

Assim como é uma vitória prescrever apenas soro fisiológico para desobstruir as vias aéreas, antitérmico — em caso de necessidade — e água, nos casos de uma virose respiratória.

Sim, porque existe a cultura da medicação.

Ir ao médico e sair sem uma receita é frustrante para muitos. Mas eu resisto às frustrações.

DROGARIA

Drogaria é farmácia
No papo de antigamente
Remédio é uma droga
Que agrada muita gente!

A comprovação científica
Tem algo de abstração
Pode ser bom para nove
Para um, talvez não!

Melhor é tomar cuidado
Melhor ser mais natural
Aquilo que melhora algo
Também pode fazer mal!

ÁLCOOL

Fiz uma receita medicamentosa para a criança, aproveitei o momento e fiz mais duas, uma para o pai e outra para a mãe, também necessitados.

O pai:

— Posso fazer uma pergunta indiscreta?

— Pode.

— Posso beber tomando este remédio?

— Poder, pode. Mas são apenas cinco dias, poderia dar um tempo, né?

— Mas tem futebol!

— Quando?

— Quarta, sábado e domingo.

— Mas você gosta de um futebol, hein?

— Gosto. Já sei! Vou beber de manhã.

— Você bebe de manhã?!

— Não! Beber o remédio! E à noite, a cerveja.

— Não adianta. O remédio tem um tempo de ação.

— E agora?

— Não beba. Ou beba. Tanto faz. Eu não te falei que "poder, pode"?

— Muito obrigada, doutora!

O alcoolismo pode ser definido como uma síndrome multifatorial, com comprometimento físico, mental e social.

Considerada uma doença ligada ao ambiente e à genética, possui uma herdabilidade aproximada de 50-60%.

Estima-se que mais de dois terços das pessoas dos países ocidentais bebem mais do que socialmente.

Esse índice é menor nos países orientais, também ligado a fatores genéticos.

O alcoolismo é responsável por 75% dos acidentes de trânsito, por 9 a 32% da ocupação dos leitos hospitalares e é a terceira maior causa de absenteísmo ao trabalho.

Como saber se você é um alcoolista?

Você consegue parar de beber depois do primeiro gole, sem sacrifício, ou só para de beber quando chega ao seu limite de resistência?

Você bebe mesmo tendo consciência dos malefícios causados a si mesmo e indiretamente ao próximo?

COSQUINHA PODE SER BOM COCEIRA. NÃO

Desceu para o play e não sabia brincar.

Na gangorra, no alto tinha frio na barriga e no baixo batia a bunda no chão. No roda-roda, vomitava. No escorregador, empacava. E até na areia do parquinho arrumou um bicho geográfico, daqueles que andam debaixo da pele e fazem um mapa, uma dermatite serpiginosa, uma danada de uma coceira, a tal da *Larva Migrans.*

DANÇARINO

Criança com dor de estômago e náuseas.
A mãe:
— Doutora, fala para ele o que ele não pode comer na festa junina, por favor, porque ele quer ir.
— Melhor evitar amendoim, milho, pinhão, pipoca... você vai mesmo assim?
— Sim, quero dançar quadrilha.

TAMANHO NÃO É DOCUMENTO

Menino de 7 anos.
— Qual xarope ele está tomando?
O pai:
— Não sei. É um nome complicado.
O menino:
— Acebrofilina.

VIZINHAS

— Doutora, é verdade o que a minha vizinha falou sobre a doença do meu filho?
— Não, não é verdade.
— Mas é uma besta quadrada aquela mulher idiota e ignorante!

SOB NOVA DIREÇÃO

passou no psicotécnico
porém nem foi questionado
sobre a dose de psicotrópico

o bafômetro não detectou o álcool
e foi incapaz de detectar
se havia algum erro de cálculo

todo cuidado é pouco
não há lugar seguro no mundo
só louco cuidando de louco

FAÇA MENOS

— Eu "faço de tudo" e nunca está bom.
— Pare de "fazer de tudo", pois é exatamente por isso que nunca está bom.

VIGÍLIAS

Criança de 10 anos de idade.
Síndrome de Ehlers Danlos.
Resolveu brincar comigo: pegou a bochecha e puxou até para debaixo do queixo.
Ela está bem. Apenas tem uma elasticidade exagerada e brinca com isso.

Criança de 2 anos.
Dorme da 1 às 11 da manhã e das 13 às 16 horas.
Pai traz para consulta para que eu "desligue" um pouco seu filho.
Ei!
Criança também fica acordada, viu?

NINGUÉM CONHECE NINGUÉM DEPOIS DE UMA BELA FEIJOADA

Atendi dois irmãos. Um com diarreia por intoxicação alimentar e o outro, não. Mas como? Comeram a mesma porcaria!

— Depende, dona Maria.

Depende do pedaço que foi comido. Depende da imunidade de quem comeu. Às vezes vivemos a mesma história, mas depende de quem a viveu. Tem gente que vive na desinteria, a ponto de desidratar. Outros se trancam, a ponto de enfezar. E tem aqueles também, talvez a coluna do meio, que estão cagando e andando, mas podem desandar. Só sei que algo há em comum: bem ou mal digerido, teve que ser mastigado, teve que ser triturado e teve que ser engolido.

VOCÊ SABIA QUE...

— Uma das causas da capacidade de empatia, tão valorizada, pode ser um "efeito colateral" do treinamento individual inconsciente, desde tenra infância, em prestar muita atenção ao ambiente e às pessoas, na tentativa de adivinhação, estimulado por seu próprio medo?

— É possível suar sangue?

O fenômeno é raríssimo e é chamado hematidrose.

Uma fraqueza física excepcional somada a uma profunda emoção pode causar o rompimento de finíssimas veias que estão sob as glândulas sudoríparas tendo como resultado o suor com sangue.

OUVIDO

Você é uma janela oval
Amplificador de todos os sons
Perco a noção de distância
Quando você está perto

Você é um labirinto
Movimentador de todo mar em mim
Perco a posição do meu corpo
E caio em seu desequilíbrio.

Você é o meu ouvidor
Em tempos de grandes silêncios.

DEVER CUMPRIDO

Fiquei aproximadamente 7 horas sem comer, sem beber água e sem urinar.

Atendi muitas crianças, com uma mãe saindo e fazendo a gentileza de chamar a outra. Sem pausas. É preciso ter saúde para fazer Saúde Pública.

O pai do último paciente, um senhor muito agradável cujo filho é portador de doença neurológica e a sua esposa está com câncer, falou-me o seguinte:

— Não devemos procurar a tranquilidade, doutora. Mas a paz interior.

— Onde tem? — brinquei.

— Na sensação do dever cumprido.

DESERTO

A lágrima que não cai
Lubrifica os meus olhos
Para que eu veja todas as coisas
Sem medo de olhar para a luz
E livre da sensação de corpo estranho
Como se toda a areia do mar
Morasse em mim
E me fizesse deserto.

CRIANÇADA

— Posso usar o seu negocinho para escutar o coraçãozinho dele? Pensa que foi o irmãozinho quem me fez esse pedido? Não! Foi o paizinho.

NO LIMITE

Criança de 11 anos, com problemas neurológicos e que não para de gritar um alto ou um autolamento desesperador.

A mãe, trespassada, resolveu tomar os cinco remédios controlados que a criança toma, só para ver o que acontecia. A mãe dormiu por três dias.

ENCANTADOR

Uma criança de 3 anos:
— "Dotola", eu tenho medo de cobra e aranha, mas gosto de "pacagaio".

GORDOFOBIA

A criança não parava de chorar e o pai falou:
— Pare de chorar senão o GORDO vem te pegar!

SARADO

Um lindo, saudável e magro menino de 10 anos, querendo ficar forte como manda o figurino, pediu-me com toda a gentileza: "Doutora, a senhora pode passar Biotônico Futura para mim?
— Nem futura, nem presente, nem passado.

BARATAS

A mãe de uma criança de 2 anos me falou que a criança está com a mania de comer baratas. Não pude gritar. Senti algo muito ruim. Algo parecido com náusea, tontura, tristeza, raiva. E uma grande vontade de matar todas as baratas do mundo.

DIÁLOGOS

Menino de 4 anos:
— Dotora, num é vômitos, é vomítus.

— Com que frequência ele tem estas crises de asma?
— Em toda mudança de lua. Agora, então, com esta luona, pensa numa crise, doutora.

Criança de 3 anos.
— Doutora, a senhora sabe cantar?
— Sei, claro!
— Canta uma música para mim?
— Agora? Agora a tia não pode. Tenho que trabalhar, minha querida.
— Seu pai não deixa?

VENENO

— Quantas gotas do medicamento a senhora está dando para a criança?
— Um comprimido.
— Mas nesta idade é melhor dar gotas. A senhora deu o comprimido inteiro?
— Sim, o comprimido era tão pequenininho!
Ela não deve imaginar que nos menores frascos estão os piores venenos. E eu fico surpresa comigo mesma, por não imaginar o que o outro imagina.

DORES

10 anos, pais no presídio, acompanhado pela tia:

— Doutora, dói a minha barriga igual uma agulhada grande de agulha de sapateiro e dói a minha cabeça igual uma martelada.

Os problemas pessoais são semelhantes a um vírus. O estrago não depende apenas da virulência, mas também da fragilidade do hospedeiro.

TRISTEZA

É muitíssimo triste saber que aquele bebê que você ajudou a sobreviver, aos trancos e barrancos, apesar de todas as intempéries, foi preso por tráfico de drogas.

ENDORFINA

O ser humano não foi feito para viver adrenergicamente por tempo prolongado.

A adrenalina, liberada principalmente em situações de estresse, raiva e paixão, faz mal ao corpo, inclusive ao coração, se mantida por tempo indeterminado.

A melhor forma de prevenir estes males é por meio da endorfina, liberada pelo exercício físico e pelo riso, proporcionando uma sensação de relaxamento e bem-estar, aumentando a disposição física e mental, melhorando a imunidade e diminuindo as dores.

Se você não gosta de fazer exercícios físicos, ao menos ria muito.

FÉ

— Quando foi o último dia que ele teve febre?

Enquanto a avó pensava, ele respondeu:

— Foi naquela noite que eu pedi pra Nossa Senhora me curar, vó! Lembra?

CRENÇA

— Doutora, meu menino nunca ficou doente. Foi só o meu compadre falar "Que garotão bonito!" que ele começou a ter esta febre.

SINCERICIDA

— Ai, doutora, como filho dá preocupação! Não durmo direito desde o dia em que ele nasceu!
— No começo é assim mesmo. Depois piora.

FÓRCEPS

Queria parir um poema
Que colocasse um fim
Em minhas dores de parto

INSÔNIA

Quando os carneirinhos
se cansam
você ainda não deu
nome aos bois
e fica pensando
na morte da cabrita.

LIMITE AMOROSO

A criança precisa de limites. Ela se sente protegida ao perceber que há quem se importe, que há quem nela preste atenção, que há alguém mais forte na situação. Mas só há uma forma de limitar sem cortar as asas: amando.

RESPONSABILIDADE

Criança de 3 anos

Deitou-se na maca para exame físico e, entre assustado e curioso, falou: "Eu num 'adolo' tic*."

— Nem eu, meu querido, nem eu.

*Tic = injeção.

Lactente, 7 meses.

Toma tererê o dia inteiro e, segundo a mãe, ele adora, chupa a bomba como se fosse gente grande!

RIR É O MELHOR REMÉDIO

Não basta estar com uma dor crônica no ombro, daquelas que você não consegue desabotoar o sutiã.

É preciso sentir uma coceira interescapular (entre as omoplatas) durante as consultas.

Entre um atendimento e outro, peguei a espátula descartável de abaixar a língua da molecada para tentar me coçar. Não adiantou.

No outro intervalo peguei a régua de medir a criançada. Percebi que eu poderia acabar me matando.

Imaginei, então, que a última alternativa seria pedir para alguma mãe me coçar.

E quando imaginei esta cena, ri tanto sozinha, que cheguei a chorar e a coceira passou.

SAPINHO OU MONILÍASE ORAL

Aposto que os bebês do sexo feminino têm mais propensão à doença do que os do sexo masculino.

As mulheres aprendem a engolir sapinhos desde recém-natas. E também é para aprender, de quebra, que não existe a doença "principezinho". Só sapinho. Sem contar aquelas que depois de adultas ainda fazem um quadro de monilíase vaginal, aquela famosa patologia que dá uma coceira danada na perseguida, maior falta de imunidade para os sapos do dia a dia. Porque o sapo sempre está lá. E se manifesta quando a defesa do organismo entra em baixa.

Defendam-se, meninas!

REFRESCO

Criança de 5 anos.

Já tinha passado pelo Pronto Atendimento e tomado uma injeção, a famosa Benzetacil, que na bunda do outro é refresco e que neste caso não resolveu o problema.

Chegou para a consulta amedrontada e quando peguei o estetoscópio ela começou a gritar de medo.

Falei:

— Isto é para eu ouvir a musiquinha que toca em seu coração. Se você chorar, não conseguirei ouvir. Se você ficar quietinha, depois eu cantarei a música que ouvi para você ouvir, certo?

Ela me olhou desconfiada e silenciou.

Após o exame físico, cantei a musiquinha da empatia que sempre acalma os corações, inclusive o meu, e não prescrevi injeções desnecessárias.

CONSCIÊNCIA AMBIENTAL PRECOCE

Criança de 5 anos:

— Doutora, a senhora viu o tornado na TV?

— Eu vi! Você ficou com medo?

— Não, é em outro país. Mas falaram que gastar água dá tornado e eu não quero mais tomar banho.

A INOCÊNCIA É UMA ORAÇÃO PODEROSA

Criança de 7 anos:

— Doutora, eu vou sempre na igreja, sabia?

— Sério? E você reza?
— Rezar? O que é isso?
— Uai! Você vai na igreja e não reza?
A mãe:
— Oramos, doutora.
Perguntei para a criança se ela orava.
— Oro! E vou orar para a senhora!

O MENINO BONITO

Estava examinando um bebê de 3 meses e falei para a mãe:
— Como é lindo o seu filho!
O irmão, de 5 anos, perguntou:
— Eu?
— Sim, você — respondi.
— Ainda bem! Pensei que fosse o meu irmãozinho!
— Vocês dois são lindos, pois ele é muito parecido com você.
Ele sorriu.

COCEIRA PSICOLÓGICA

Criança de cabelos longos e armados.
Diagnóstico: pediculose, vulgo piolho, infestação maciça.
Ao terminar a consulta, a mãe falou para a criança:
— Vai lá, filhinha, dá um abraço na doutora!
Recebi o abraço com carinho, mas pensei: "Nossa Senhora do Carrapatinho, livrai-me!".

PRESBIOPIA

Sempre viu tudo com bons olhos. Com o tempo, veio a presbiopia.

Ficou com a vista cansada, só conseguia ver a beleza de longe. Sempre que se aproximava um pouco mais, era tudo o mesmo borrão, tudo embaçado, nada límpido.

A culpa, obviamente, era do cristalino.

INOPORTUNIDADES

O pai, um distinto cavalheiro, com aproximadamente 40 anos de idade, veio trazer o resultado do hemograma: infeccioso.
Ele:
— São estes segmentados aumentados que indicam infecção?
— Sim, bacteriana.
— E se fosse uma infecção viral, o que aumentaria?
— Normalmente, os linfócitos.
— Obrigada, doutora. É que eu sonhava em ser médico.
— Você mandaria bem. Qual é a sua profissão?
— Pedreiro.

DIVERGÊNCIAS

Há quem queira
e não pode
Há quem pode
e não queira
A vida
esta loucura
Se não for louca,
é besteira!

OLHOS

A única parte exposta
do Sistema Nervoso Central,
Os olhos – ariscos,
Não suportam um cisco final.

São os grandes
pisca-dores
assim no bem
como no mal
à direita e à esquerda
vão dando o seu sinal.
Piscam
piscam
piscam tanto
feito enfeites
de Natal.

A VOZ

Se os olhos são a janela da alma, o tom da voz é a chave que abre a trave.

Se os olhos têm origem no sistema nervoso, a voz vem do âmago, invisível e poderosa, muitas vezes sem verso e sem prosa.

Assim como o olhar, a voz fala sem palavras, por falar.

Firme, dos que decidem, faz milagres. Fraca, dos moribundos, reconheço a distância.

Proferida com amor, ata. Proferida com ódio, desata.

FRIO

Pensou em trocar a escrita pelo tricô.
As pessoas estavam frias
Precisavam mais de calor
Do que de palavras ao vento.
Imaginou a placa em seu portão:
Doam-se
cachecóis
para o inverno
da alma.

ANTECIPAÇÃO

Entrou na idade da razão em acordo com o seu coração e em desacordo com as estatísticas. Tinha essa característica.

Envelheceu na juventude.

Morreu na maturidade.
Ressuscitou na velhice.
Coisas de criança precoce.

FLEXIBILIDADE

Deixe para ser rígido quando morrer. A tal da rigidez cadavérica. Está realmente vivo aquele que tem a flexibilidade das crianças.

RAIO X

Costumamos ser míopes para as nossas imperfeições e ter visão de raio X para as imperfeições alheias.

SONHO

O sonho do pediatra é ver as crianças crescerem em um ambiente saudável e que no futuro sejam adultos saudáveis fisicamente, mentalmente e emocionalmente.

Doce ilusão!

Com o tempo fui diminuindo a minha expectativa.

Hoje dou-me por satisfeita em ver que elas conseguiram sobreviver ao caos e que conseguiram construir janelas mentais para que no futuro possam abri-las e sentir um pouco de frescor.

DEMORAS

Anotei no prontuário da pequena paciente:

— Segundo informações colhidas, o encaminhamento que dei para a consulta especializada, há dois anos, venceu o tempo de validade.

Agora ela conseguiu a consulta, mas não tem o encaminhamento.

Fiz um novo encaminhamento e pensei: "Se as gerações futuras lerem isto, o que pensarão de nós?".

CONFIANÇA

Todos temos a capacidade de fazer com que o próximo confie ou não confie na humanidade.

SAÚDE

Um médico de verdade
ausculta o coração
e escuta os corações.

E entre abatimentos e batidas
Sai cansado da lida
Com a missão quase cumprida
Porque o ser humano é obra inacabada.

TRISTEZA

Menino de 8 anos, acompanhado pela sogra da irmã.
— Doutora, ele é um coitado! A mãe dele o abandonou quando ele tinha 10 meses. Ela não está nem aí, ela não gosta dele!
Eu:
— Não fale assim. Não o chame de coitado porque ele não é um coitado. E nós não sabemos se a mãe gosta ou não gosta dele, cada um tem o seu jeito de gostar.
Ela:
— Não! Não gosta mesmo! Veio aqui na cidade e nem foi vê-lo! Ele é um coitado, sim, porque além de tudo o pai está preso há quatro anos! Tadinho!
Eu:
— Ele não é um coitadinho! Não é ele quem está preso. E não é bom para ele que a senhora fique falando a todo momento que ele é um coitado. Ele pode acreditar nisso, entendeu? E isso não é verdade.
Essa foi a introdução da consulta. Após a consulta, olhei para ele e vi em seus olhos: ele já estava convencido de que era um infeliz.

PATOGNOMÔNIO

Termo médico que se refere a sinal ou sintoma específico de determinada doença, diferenciando-a das outras.

Ou seja: encontrou o sinal ou o sintoma, encontrou o diagnóstico, pois só aquela doença tem aquele sinal ou sintoma.

Não estou falando de patos nem de gnomos.

Captou?

CORRUPÇÃO

— Doutora, eu não estava conseguindo pegar o resultado dos exames, mas pedi ajuda para o assessor de um político e entregaram o resultado na hora. Agora vamos precisar de consulta especializada, mas com um jeitinho brasileiro, logo conseguiremos, pois tem muita gente na frente.
— Quem é este político?
— Sinto muito, mas não posso dizer.

EMPATIA

Atendi uma bela e inconformada mãe.
Uma filha de 1 ano de idade e com o diagnóstico de nanismo.
— Ela pode ter este diagnóstico e ser uma pessoa saudável — argumentei.
Ela:
— Não! Eu não quero que as pessoas olhem para a minha filha e deem risadas.

TIMIDEZ

Criança de 7 anos com dor na região escrotal. Ficou envergonhado durante o exame físico. Eu o tranquilizei e falei brincando:
— Quer que eu te examine de olhos fechados?
Ele, ligeiro, respondeu:
— Você não pode fechar os seus, mas eu posso fechar os meus!

VENTANIA

Às vezes a poesia é só uma canção jogada ao vento.
Quem catar, catou.
Quem não catar, cata-vento.

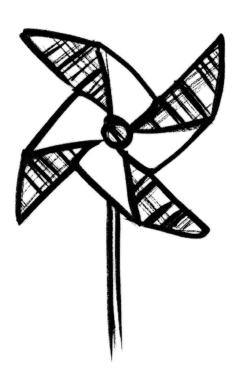

A PERGUNTA

— Uma pessoa do tipo sanguíneo A+ casada com uma pessoa B+, pode ter um filho O-?
— Pode.
— Nossa! Criei meu filho pensando que ele foi trocado na maternidade, pois o médico me perguntou se eu tinha traído o meu marido.
— Qual é a idade de seu filho?
— 20 anos.

Curiosidade: a tipagem ABO não afirma quem é o pai, mas pode afirmar quem não o é.
É um exame simples e barato.

RELATIVIDADE

Como dois corpos – ainda – não ocupam o mesmo lugar no espaço, ninguém vê absolutamente nada igual ao outro. Mas pode-se ter uma ideia do que o outro está vendo, se você souber a posição que a pessoa ocupa neste mundo e se você tiver noção da totalidade do objeto visto.

Mas se você não tiver ideia de onde está o sujeito, mesmo que você conheça plenamente o objeto, jamais saberá com que olhos ele o enxerga, assim como você pode saber exatamente a localização do sujeito e não ter a mínima ideia do objeto por ele enxergado por não conhecer a sua plenitude.

MERCADINHO

Meu mercadinho é sortido, tem uma variedade de produtos.

Educação não falta. Tem a qualquer hora.

Gentileza também tem bastante.

Alguns até a confundem com amor e fazem o pedido errado.

Eu, particularmente, vejo uma diferença enorme entre isto e aquilo, mas isso não é relevante no comércio.

Amor também tem. Às vezes o estoque fica ali, no limite. Mas nunca deixo acabar porque sempre tem quem o queira.

E alegria! Tem muita! Esta leva de brinde quem levar a gratidão.

Raiva? Decepção? Solidão?

Tem, é claro! Estão no hit do momento, como não?

Às vezes se misturam na gaveta do esquecimento, mas procurando dá para encontrar.

(A procura é grande, maior do que a oferta.)

Como sei que tem gosto para tudo neste mundo, o respeito – outro produto do estabelecimento – fica bem à vista.

Mas o que tenho para dar e vender é dó. Sobra.

Até saio na calçada do mercadinho de vez em quando e anuncio uma promoção:

— Tenha dó! Leve uma e pague três!

Mas falta freguês.

LEVEZAS

O nosso corpo é um grande ensinamento, basta prestar atenção.

Quando ingerimos um alimento, ocorre a digestão: o que presta vai para o sangue e nutre o nosso organismo. O que não presta é eliminado.

Aproveite o que é fundamental e, aquilo que não serve para nada, elimine.

Não retenha toxinas.

Fique mais leve.

Dicas:

Coma fibras. Mas beba bastante água, senão o feitiço vira contra o feiticeiro.

Mexa-se. Ative a circulação sanguínea para que esta ajude o seu sistema digestório.

Em último caso, use um supositório de glicerina. Costuma ser tiro e queda. Obviamente, se o tiro não sair pela culatra.

PONTO DE LUZ

Um pequeno ponto escuro em um lugar luminoso é difícil de enxergar. Um pequeno ponto luminoso em um lugar escuro é fácil de enxergar. Foque no ponto de luz. Ou, se tiver ânimo, ilumine o lugar.

SOBRE COMPREENSÃO

Ter a intenção de ser totalmente compreendida – ou de totalmente compreender – não é intenção. É pretensão.

PARADA CARDÍACA

Melhor morrer de ilusão
a morrer de solidão.
Do tesão
ao tédio.
Do tiro
à inanição.
E entre um AVC
e um infarto
prefiro
me fartar de você
e morrer do coração.

PECADO

A falta de amor está no preconceito, que está escondido na frieza, que está escondido no egoísmo, que está escondido na falta de amor. O único pecado é não amar.

ADIANTA FALAR?

— Hoje quando vi que a outra pediatra está de férias e que a senhora iria me atender, tremi na base.

— Por quê?!

— Porque a outra é mais boazinha. A última vez que trouxe meu filho para a senhora, levei uma bronca, pois estava dando remédios por conta e deu zebra. E hoje errei de novo, dei uns remédios de novo e deu zebra de novo.

— Não se preocupe! Não vou te dar mais bronca! Adiantou a bronca anterior? Não, né? A mim, só resta tentar resolver o problema.

— Que bom!

ADRENALINA

Já não tenho miocárdio para muita contra-ação
Entre fugir ou lutar, permaneço estática
Não há taquicardia, mas o pulso ainda pulsa
Não há sudorese, mas a pele ainda pela
Não há pupilas dilatadas, mas meus olhos ainda pousam
Evito reações de hipersensibilidade, para que repousem minhas
suprarrenais
E minh'alma descanse em paz
Minha sina é ser pouca adrenalina
Tão fugaz e tão intensa quanto a vida
Que mesmo sendo breve
Mostra-me bravamente
A luz da eternidade

SENTIDOS CONTRO VERSOS

Mãos cegas
Sorrisos quentes
Olhos que pegam
Cheiros que dão água na boca
E ouvidos que enxergam

I
Uma mãe queixa que o filho não come. Outra, que come demais. O lance é tão sucessivo que vou acabar bipolar.

II
Você sabia que a fibrose cística é também chamada de "doença do beijo salgado", por conta da eliminação em excesso do sal pelo suor?
(As mães beijam seus filhos e referem que são "salgados".)

III
Será que a assintomatologia deixa-me feliz ou a felicidade deixa-me assintomática?
— Tudo bem?
— Assintomática.

TANTA COISA PERDEU A GRAÇA, MAS NÃO DEVERIA

Talvez estejamos precisados é das coisas simples que acabamos deixando para lá:

- Beber mais água.
- Tomar um pouco de sol.
- Comer com calma.
- Dormir tranquilamente.
- Sentir o vento na cara.
- Perceber o cheiro de terra molhada.
- Ler um bom livro.
- Conversar.
- Contemplar.
- Sorrir.

Procuramos preencher a nossa vida com coisas grandiosas e não percebemos o quão grandiosas são as coisas simples.

COMPARAÇÃO

Médico = padre
Escuta cada uma que nem Deus acredita!

Médico = mecânico
Deu pane no funcionamento da máquina.
Recebemos um diagnóstico e um tratamento.
A confiança no profissional vem com o tempo.
Mas às vezes só nos resta confiar.

Médico = policial
Em algumas profissões a pessoa está. Em outras, a pessoa é. O médico e o policial "são", independentemente das circunstâncias.

ESPECIALIDADES

— A senhora pode me dar um encaminhamento para eu levar o meu filho no ortopedista?
— Já dei, na consulta anterior, lembra?
— Sim, mas a mãe dele marcou a consulta e não o levou.
— Por quê? É tão difícil conseguir uma consulta com especialistas!
— Ela foi embora da nossa casa. Ela nos deixou.
— Entendi. Vamos recomeçar o processo. Não tem outro caminho.

— A senhora poderia dar um encaminhamento para ele ir na psicóloga?
— Por quê?
— Porque ele não quer mais ir na casa do pai dele, pois a madrasta o maltrata com palavras ofensivas.

— Será que é ele quem precisa de psicóloga? Se ele é maltratado por ela, ele tem todo o direito de não querer ir onde ela está.

— Sim. Mas ele precisa falar isso para o pai dele e não tem coragem. E se eu falo, o pai dele não acredita.

Dei o encaminhamento solicitado.

Mas tive vontade de dar mais do que um. Dois. Ou três. Ou quatro.

LABOR

Todos os dias após o meu labor, quando cessam as queixas, os choros e a dor, sinto a paz do silêncio provisório nas paredes brancas e caladas do ambulatório. Logo mais tem mais. A dor nunca se satisfaz.

Luto com quem, desde o princípio, já sei vencedora no final.

Um dia a morte me vencerá. No ar, no mar ou na terra.

Sei que ganho essas batalhas, mas sei que perderei a guerra.

RESPOSTAS DAS CRIANÇAS

Criança com reação alérgica após sair da piscina da casa de um amiguinho.
— Deve ser alergia de algum produto utilizado na água da piscina.
Ele, com 5 anos:
— A piscina era uma caixa, doutora. Mas acho que foi lá, sim, porque o meu amiguinho branco ficou igual eu. Mas o meu outro amiguinho, preto, não ficou.
A mãe deu uma bronca:
— Não fale assim, moleque! Não chame as pessoas de preto!
A criança ficou assustada. Não viu motivo para levar uma bronca.

PEQUENO MAL

Um olhar fixo para o vazio
Um lapso de consciência
Rápido
Imperceptível
Uma crise de (tua) ausência

DIAGNÓSTICO DIFERENCIAL

Não bastasse a dengue
Agora temos a Chikungunya — leia-se "chicungunha" – ou catolotolo – decora esta — não é cachorroloco
E a zika
Que vieram para zikar.

São quadros parecidos
carecidos de confirmar.

Mas é importante saber que a Chikungunya
pode aleijar, mas não mata.
E a dengue não aleija, mas pode matar.

Quanto ao Zika vírus, dá uma baita hiperemia ocular.
Imaginem uma conjuntivite com dor articular!
Todos correndo de você pensando que a conjuntivite pode – mas esta
não pode –contaminar.
E você com dor nas juntas, mal conseguindo andar!

Todos transmitidos pelo *Aedes aegypti*.
— Portanto, meus amigos, a ordem é prevenir para não remediar.

PENALIDADE

É compreensível que muitos que já foram vítimas da violência de menores de idade queiram a redução da maioridade penal. Mas não creio que essa seja a solução para o mal. Roubarão uma outra fatia do bolo da infância – a vida não é uma constância –, pois, diminuindo a maioridade penal, crianças mais novas invadirão nosso quintal.

Fiquemos atentos. Há pequenos dormindo ao relento, esperando uma nova canção de ninar. E a canção que hoje ecoa, por favor, me levem na boa, é que o buraco é mais em cima, não está na meninice, está na canalhice. Está no homem para lá de maduro, está na podridão. E esse, sim, deveria ter morada permanente na prisão, pois se um dia ele foi criança, foi criança de contramão, com saúde e educação, mas que não entendeu a canção.

NINHO VAZIO

A "síndrome do ninho vazio" não acontece apenas quando os filhos voam para longe.

Ela acontece quando os filhos voam. Ou seja, quando se tornam independentes, perto ou longe do ninho.

A independência é saudável, sempre.

O problema é que a "síndrome do ninho vazio" geralmente coincide com a "síndrome do climatério", o que faz da mãe e da mulher uma sofredora por causas naturais.

E outra: nunca vi um homem ser diagnosticado de "ninho vazio", além de mal tocarem no assunto "andropausa".

Essa história está mal contada.

CHUVEIROS

A mãe de uma pequena de 11 anos de cabelos cor de fogo queixou-se de que a criança vive gripada, pois o chuveiro de sua casa está quebrado e o marido diz que tomar banho com água fria faz bem para a saúde. Essa mãe, uma senhora muito educada, de fino trato, de repente me manda esta, em alto e irritado tom:

— Uma bosta que faz bem pra saúde! Ele está é sem dinheiro para consertar o chuveiro, isso sim!

E na saída, recobrada a compostura, falou gentilmente:

— Muito obrigada, foi um prazer ter conhecido você.

— Igualmente — respondi.

Encontrei mais uma causa para a bipolaridade: maridos. Ou chuveiros.

OLHARES

A mãe da criança:

— Doutora, a senhora poderia dar uma olhadinha no resultado de meu exame, só pra ver se deu algo mais sério? Eu não consigo vaga para o retorno com o meu médico.

— Posso.

Resultado do exame: células malignas, classe I.

Não.

Não posso dar só uma olhadinha.

RESPONSABILIDADE

Criança – agora com 11 anos – que já esteve gravemente enferma em minhas mãos.

O pai entra e diz para o menino:

— Abrace a doutora. Ela salvou a sua vida.

Recebo um abraço maravilhoso. Fico feliz, mas sinto o peso da responsabilidade e respondo ao pai:

— Por favor, não diga isso.

CURIOSA

E aí bem quando você coloca a espátula para abaixar a língua da criança e ver as amígdalas, a mãe coloca a cabeça na frente, porque ELA quer ver como está a situação. Eu, com a minha paciência oriental, peço: "Você poderia tirar a cabeça da frente?".

— Opa! É mesmo!

PATERNAL

Homem: 65 anos, aparentemente muito saudável.

Mulher: 18 anos.

Criança: 8 meses.

Ocasionalmente fico sem saber como perguntar se o homem é pai ou avô da criança.

Mas às vezes é desnecessário perguntar.

Ele: — Doutora, esta criança não dá um pingo de trabalho.

Ela: — Claro! Não é você que cuida, né, cara?!

Depois do "cara", eu já sabia que ele era pai da criança.

Ele: — Como não? Cuido de duas! Você é uma criança! E dá trabalho!

Ele, para mim: — Ela tem crises, doutora. Não sei se é depressão pós-parto, mas eu tenho que conter a menina porque ela fica louca! Ela está comigo desde os 14 anos. Nunca pensei que iria me dar um trabalho deste tamanho! Tenho 12 filhos. E quem está me dando mais trabalho é esta mulher!

— Doze filhos? Bastante, não?

— Sim. Fora este bebê, mais 11. Mas estão ótimos, cada um com suas respectivas mães, muito bem cuidados.

— Eu atendo mais três crianças que tem o seu sobrenome.

— O que não significa que sejam meus filhos. A família é grande!

— Claro!

Após a consulta:

Ela: — Ah, doutora! Esqueci de dizer que ela está com diarreia!

Ele: — Não é diarreia.

Eu: — Qual o aspecto das fezes? Líquidas? Qual a frequência das evacuações?

Ele: — Fezes pastosas. Uma ou duas vezes ao dia.

Eu: — Não é diarreia. E a criança está bem hidratada.

Ele: — Eu sei muito bem o que falo. Tenho ampla experiência.

Quando ela tinha 14 anos, ele tinha 61.

Eu me limitei a fazer a consulta.

A mãe da criança também estava em bom estado geral, corada, hidratada. E sorridente.

CANSAÇO

Olho atentamente para o rosto das pessoas procurando por um pouco de magia, mas só vejo cansaço. A magia está na energia das pequenas crianças. Nós, adultos, somos crianças cansadas à procura da magia perdida.

Bem-aventurado quem a reencontra!

IGREJA

O pai de uma criança, na saída da consulta:
— Fique com Deus!
— Amém! — respondi, com certa ênfase.
Ele perguntou:
— Posso falar uma coisa pra senhora? A senhora está precisando de Deus. Pra ontem.
Achei tão, tão... que quase respondi:
  — E você pra antes de ontem!
Mas o que ele queria mesmo era me convidar para ser membro da igreja dele. Convidou.

TRENZINHO

A criança de um ano esperneava e esbravejava tanto que eu não conseguia auscultar o seu pulmão. Pedi para a mãe pegá-la no colo, normalmente, e que virasse as costas para mim para que eu conseguisse colocar o estetoscópio na região posterior do tórax da pequena. A mãe pegou a criança da maca e virou as suas próprias costas para a minha direção. Fiquei esperando que ela virasse as costas da criança, achando que ela estava fazendo sei lá o quê. E ela também ficou esperando que eu fizesse sei lá o quê!
Aí caiu a minha ficha e falei: "Quero as costas da criança!".
Por pouco não brinquei de trenzinho com a mãe.

VASO

Menino de 5 anos.
— Ele vai ter que urinar direto no coletor de urina, ok?
Ele:
— O quê?
— Você vai fazer xixi em um potinho.
— Não é potinho, doutora. Chama "vaso".

BEBÊ VOADOR

Após a consulta, ainda no consultório, a mãe colocou a criança no bebê-conforto e ao manusear o acessório lançou para longe o bebê de três meses.

Confesso que na hora não entendi o bebê voando. Quando penso que já vi de tudo, percebo que ainda não.

A mãe entrou em desespero, mas a criança passa bem, Graças a Deus e ao blusão almofadado que ela usava.

Cuidado!

O perigo pode estar onde menos se espera!

CLASSIFICADA

Era a emergência em pessoa.
Com sorte, entre a vida e a morte,
tornou-se uma grande urgência.
Um pouco mais de clemência,
passou a ser hora marcada.
Após muita paciência, perdeu a sua pressa e tornou-se o próprio tempo.

COSTURAS

Não sei costurar roupas. Fazer barras não é comigo. A minha barra
fica pesada, com pontos desconexos e assimétricos.
Mas sempre fui boa de sutura. Sei costurar pessoas.
Já é alguma coisa, neste mundo de remendos.

DAI-ME SAÚDE!

Trouxe resultados de exames, infecção urinária. Enquanto prescrevo o antibiótico:

— Ela está com um pouco de tosse, a senhora pode dar uma olhadinha nela?

— Claro! Estou aqui para isso.

Enquanto prescrevo o remédio para a tosse:

— Eu perdi o encaminhamento para o oftalmo, a senhora pode fazer outro?

— Sim.

Enquanto faço o encaminhamento:

— A senhora pode prescrever uma pomadinha para assadura para a minha outra bebê?

— Sim.

Enquanto prescrevo a pomada:

— A senhora pode me dar um atestado?

— Sim.

Enquanto faço o atestado:

— Eu não consegui marcar consulta para a mais velha, ela também está com tosse, a senhora pode dar uma olhadinha nela também?

ALMA VIRGEM

Vi uma humilde senhora de aproximadamente 60 anos chorando discretamente e perguntei para a enfermeira qual era o motivo do choro.

— Ela é casada há 40 anos e é virgem.

— Não entendi.

— Casou-se, o marido era impotente sexualmente e nunca procuraram ajuda. Ela não quis expor o marido e resolveu se calar. Agora ela precisou de um médico por outros motivos e acabou desabafando.

Talvez esta tenha sido uma das histórias de amor ou de desamor mais triste que já ouvi.

INVESTIGAÇÃO I

Criança com febre e vômitos. Perguntei ao pai se ela também está com diarreia. Ele diz que não. A criança diz que sim. Ele diz que não sabe. A criança diz que "fez cocô quatro vezes hoje e que o cocô está mole".

Peço para ligar para a mãe. Ela não atende ao telefone.

Não basta o conhecimento médico, é necessário também umas aulinhas com Sherlock Holmes. E nessa investigação percebe-se claramente que nem sempre o culpado é o médico. Pode ser o mordomo.

INVESTIGAÇÃO II

Criança de 8 anos acompanhada pelo pai. Ele não sabia responder às perguntas que eu fazia sobre a filha.

A certa altura, falei:

— Está difícil fazer o diagnóstico sem informações.

Ele:

— Espera um pouco que eu vou perguntar para a minha esposa que está no carro porque não está se sentindo bem.

A criança:

— Não repara, doutora, lá em casa só as mulheres são inteligentes.

DOR DE CABEÇA

Menino de 11 anos:
— Estou com dor de cabeça desde quando comecei a vender quiabo.
— E faz quanto tempo que você vende quiabo?
— Desde quando comecei a ralar cana também.
— E quando você começou a ralar cana?
— Quando minha mãe casou de novo. Ela foi embora, eu fiquei morando com a minha avó e preciso ajudar em casa.
A mãe, a acompanhante:
— Faz só dois meses, doutora. Só dois meses.

TDA

Assumi, ocasionalmente, uma linguagem corporal que eu não tinha: cotovelos na mesa e mãos sob o queixo. É o "fala o que quiser que eu te escuto".

Para o diagnóstico, muitas vezes dispensável. Para o tratamento, seja lá do que for, uma ferramenta.

Estamos sedentos de atenção.

O mundo está com o transtorno do déficit de atenção.

BRINCADEIRAS

Aprendeu a brincar de esconde-esconde quando não queria ser encontrada ou quando contava até mil antes de sair correndo à procura do encontro.

Aprendeu também muitas outras brincadeiras: estátua, quando estarrecida; passa-anel, quando deixava um pequeno tesouro nas mãos de alguém, em segredo; de roda, quando precisava de apoio para poder girar, cantando livremente, sem medo de vertigens; pular corda, quando surgiam as rasteiras.

Aprendeu a pular amarelinha, sempre que precisou sair de algum inferno e alcançar o céu. Rabiscou o chão e procurou não ultrapassar os limites que ela mesma traçou enquanto recolhia as pedras que ela mesma jogou.

Quanto às bonecas, a boneca era ela, já com os cabelos desgrenhados e toda quebrada pelo tempo, um brincalhão, seu melhor amigo, mas que impossibilitou a construção de novos castelos de areia.

VIDA E MORTE

Nascemos e morremos
Tudo ao mesmo tempo
Um dia em que vivo mais
É um dia em que morro menos.

SEGREDOS

7 anos, guarda compartilhada.

Ele passou uma semana com o pai. Voltou para a casa da mãe, gestante do segundo casamento, e jantou feito louco, pois estava "morrendo de saudades daquela comida".

Motivo da consulta: diarreia e vômitos.

Durante o exame físico, eu pisquei para ele, em segredo. Ele sorriu, em segredo.

LÁ
VEM
O TREM

Mãe entra correndo no consultório, toda esbaforida, de mãos dadas com a criança, e diz:

— Ligeiro, doutora, preciso de uma consulta de médico, porque meu ônibus vai passar aqui na frente daqui a cinco minutos.

RELAÇÕES HUMANAS

— Doutora, não é fácil lidar com crianças, né?
— Nem com adultos.

ELETRO

O eletrocardiograma é a poesia que o coração escreve em um longo papel, avisando como está marcando o seu passo – em atividade elétrica comandada por ele mesmo –, rumo ao infinito.

DEXTROCARDÍACO

Seu coração batia
mais pra cá do que pra lá.
Mas ele não sabia
pois o seu coração
tinha a função preservada.

DESGOVERNO

Tenho atendido muitos avós – cansados – com seus netos.

O discurso é basicamente o mesmo: "Os pais não estão nem aí e 'sobrou' para mim." — discurso este feito na frente da criança.

Fico pensando que aquela pequena criatura, sentada à minha frente, sente dupla rejeição, dos pais e dos avós.

E não adianta eu falar "Não diga isso", pois já foi dito.

Sem contar o que deve acontecer longe de mim: "Ingrato, nem teus pais te quiseram" e coisas assim.

Haja psicoterapia!

O desgoverno está por toda parte.

E, obviamente, o descaso com as crianças de hoje fará parte do futuro de todos nós.

INFÂNCIAS

Criança de 17 anos com um bebê de 2 meses.

Não, não casou grávida. Casou aos 14 anos.

Questionei o motivo pelo qual se casou tão cedo.

Ela respondeu prontamente:

— Porque eu e o meu amor sempre quisemos ficar juntos.

TRUCO

— Se você não se comportar, a doutora vai te dar uma injeção.
— E se você se comportar, o seu pai vai te dar um Playstation 4.

VIVER É PERIGOSO

Duas coisas me pegam:

Criança na idade da razão me perguntando ansiosa e preocupadamente se terá que fazer cirurgia.

Mãe, ao saber que há indicação cirúrgica para a patologia de seu filho, perguntando se a cirurgia é perigosa.

PARQUE

Tinha uma pedra no meio do caminho
A base de uma gangorra
Entre o cérebro e o coração
Onde ficou fácil brincar
De subir ao céu e descer ao inferno.

CÉREBRO X CORAÇÃO

O nosso cérebro pesa mais ou menos 1,4 kg. O coração, 0,4 kg.
O coração tem suas razões para não querer levar o cérebro junto em todas as suas viagens.

"Cordialmente" é pouco para aqueles que agem com o coração.
"Racionalmente" é o suficiente para aqueles que agem com o cérebro.

APRENDIZAGEM

Aprendi a ser forte com os fracos; e com os fortes, aprendi o meu direito à fraqueza.

Aprendi a liberdade do voo com os cativos; e com os livres, aprendi que a liberdade pode estar no chão.

Aprendi a dizer "não" com aqueles que disseram "sim" com vontade de negação; e com os que sempre se negaram, aprendi a compaixão.

Aprendi a não temer a morte com aqueles que sabem viver o agora; e com os mortos, aprendi a não deixar parte da vida em penhora.

Aprendi a amar com aqueles que deixaram a desejar; e com aqueles que amaram, raros, aprendi a não escassez, porque o amor, sendo eterno ou fatal, mesmo na reta final deixa um sabor de talvez.

TRATAR DE CRIANÇA NÃO É BRINCADEIRA

— Ele estava com medo de consultar. Ele te acha muito séria.

— Eu não, mãe! Eu não tenho medo dela! Você quem disse que gostava dela porque ela é séria.

MÉDICA DA ALEGRIA

Lindinha de 10 anos:

— Sou azarada, doutora. Por um motivo ou outro, sempre estou aqui.

— Não diga isso! Na verdade, você é uma sortuda, porque se não viesse aqui como você iria me ver?

Consegui arrancar uma gargalhada.

TONTA

Atônita, a tonta ficou com tontura diante de tanta vigarice. Procurou um otorrinolaringologista, especialidade que a tonta nem conseguia pronunciar, pois o nome era vertiginoso; acabou enrolando a língua, uma tolice.

Mas o que ela precisava mesmo era de um simples "tontologista", especialista em suas tontices. Teve que aguardar agendamento. A fila dobrava a esquina.

LABIRINTITE

Você é o labirinto
Onde perdi meu equilíbrio
Você é minha cóclea e meu vestíbulo
Faz-me surda, tonta e com zunido

PISTOLA

Menino de 11 anos.

A mãe:

— Doutora, eu queria que a senhora desse uma olhadinha para ver se ele tem fimose.

Ele:

— A senhora me jurou que ela não ia ver a minha pistola!

A mãe:

— Larga de ser besta, menino! Ela vê pistola todos os dias!

INCOMPREENSÃO

Criança com febre e sintomas urinários há três dias.

Prescrevi três injeções e solicitei exames.

Os pais não fizeram as injeções.

Hoje retornaram com os exames. Diagnóstico comprovado. Expliquei novamente a necessidade de medicação injetável ou internação.

A resposta foi uma pergunta:

— Mas a senhora não entende de homeopatia? Queríamos um medicamento homeopático.

— Não. Não entendo de homeopatia.

(E, às vezes, nem de gente.)

PEQUENO GRANDE ERRO

Aos 7 meses ele perdeu um rim por conta de uma infecção urinária não diagnosticada precocemente.

(Em crianças, a infecção urinária pode ser assintomática e apresentar apenas baixo ganho de peso.)

A cirurgia complicou. Teve episódios de crises convulsivas. Em uma delas, parada cardiorrespiratória.

Hoje ele tem 11 anos, é traqueostomizado e paraplégico.

Não consegue sair da traqueostomia, pois houve lesão da traqueia quando foi entubado.

Suas funções cognitivas foram preservadas.

Ao sair da consulta, parou na porta com sua cadeira de rodas, olhou-me longa e profundamente com seus lindos olhos verdes e me agradeceu com um sorriso e um "muito obrigado".

Eu não o conhecia. Foi um prazer conhecê-lo.

O ESTRAGO ESTÁ FEITO

I

Criança de 10 anos com comportamento agressivo.

Pais alcoolistas.

Perguntei:

— O que acontece quando você fica nervosa?

— Eu sofro.

— E o que você faz quando sofre? Chora? Grita? Agride?

— Eu choro. E pulo.

II

Criança de 7 anos com sintomas de depressão.

Perguntei:

— Quando você começou a ficar tão triste?

— Depois que os meus pais se esqueceram de me buscar na escola e só lembraram à noite.

III

Criança de 12 anos com insônia.

Criada por uma avó esquizofrênica que "fugiu de casa" e a deixou responsável por uma irmã de 1 ano.

A pequena e doce paciente falou:

— Minha irmãzinha passou fome.

Perguntei:

— E a sua mãe?

— Não quero ver a minha mãe. Ela é uma irresponsável.

SUSTO

Somos assustados de nascença
Alguns se recuperam do banho de água fria
Do corte do cordão
Outros, não

É urgente
Um desassusto
Um abraço quente
Um desajuste no padrão

RELATIVIDADE

A paciente, na saída:
— Bom trabalho, doutora.
— Pra você também!
— Mas eu nem trabalho! — ela falou, sorrindo.
Eu, ligeira:
— Mas você não falou que tua filha te dá o maior trabalho?

A mãe está com o filho de 8 anos sendo examinado por mim quando dá um grito:
— Meu Deus! Ele acordou!
— Oi? Quem?
— Meu peito encheu! Meu bebê, lá em casa, acordou com fome!
Talvez. Quem sabe?

VIDA DE GADO ROTULADO

Era o ser humano mais gentil do planeta, mas, quando recebia grosserias, enlouquecia e virava o bicho do dia.

Colocaram em sua testa o rótulo de "bipolaridade" — enquanto apenas perdia a fé na humanidade.

Perdida, andou na contramão. Novo rótulo, "depressão" — quando na verdade, por medo de virar um lobisomem e ser internada no hospício com o rótulo de "licantropia", preferiu a solidão.

Preocupados com o seu isolamento, começaram a pressão: venha aqui, vamos lá, sai daí.

Sentiu a perseguição.

E lá vinha outra mania, novo rótulo do dia, a tal da "esquizofrenia".

Cansada de ser rotulada, decidiu pensar em mais nada e seguir com a multidão. Pensaram estar curada, mas só ela sabia que o novo rótulo que batia era "zooantropia": era um gado arrebanhado.

Fazia parte de um povo marcado.

MIUDEZAS

Um dia esta cadeira onde sento
Queimará, será lenha
Não quero saber de pertença
Existe uma grande sentença:
Nada é meu ou seu ou nosso
Nem eu mesma sou de mim
Um dia vou-me embora e deixarei esta carcaça
Serei, sem fazer a diferença, fumaça
Somos parte do metabolismo universal
Que a todos digere e não se engasga com as nossas miudezas.

POUCAS E BOAS

— Doutora, a vacina IBGE está atrasada.
— Seria a BCG?
— Isso, isso, isso!

— Quantos meses tem o seu bebê?
— Seis.
— Quantos?
Perguntei novamente só para confirmar.
— Seis.
— Mas ele não nasceu em junho?
— É mesmo!
— Ele tem dois meses, viu? E com quantos quilos ele nasceu?
— Ah, doutora. Aí já não sei.

10 anos
Quadro grave e raro de insônia. Causa?
— Pai com doença terminal.

— Doutora, eu queria ser um bom menino, mas tem algo mais forte dentro de mim que não me deixa ser o que eu quero.
E deitado na maca, totalmente vulnerável, ele me sorriu um sorriso terno e iluminado, cheio de esperança e sem qualquer resquício de violência, quando falei que ele era um bom menino e que estava apenas passando por uma fase difícil da vida.

Avó com a neta de 10 anos:

— Doutora, a senhora poderia dar um remédio de vermes para esta menina? Ela anda numa ruindade que a senhora nem imagina!

Pensei: "Como seria bom se todas as ruindades do mundo fossem tratadas com vermífugo!".

E depois de examinar e dar risadas com a pequena, quase falei para a avó:

— Para mim, ela é boa.

SE EU MORRESSE AMANHÃ

Morreria como um soldado
Que lutou por amor à pátria
Mesmo não condecorado
Morreria como um passarinho
Que foi alvo de estilingue
Mesmo sem ter sido alado
Morreria, enfim, como quem dorme o sono dos justos
Mesmo nunca os meus olhos fechados.

SAFADEZA

O pai de uma criança me perguntou:
— Tem remédio pra safadeza, doutora?
— Se eu tivesse, estaria rica.
— Por quê? A senhora atende muitos safadinhos?
— Não. Mas o mundo está cheio de safadão.
Este pai deu risadas durante toda a consulta.
(Minha cara não combina com as minhas palavras, o que torna tudo mais engraçado do que é.)

SIGA ADIANTE

Mãe, 18 anos, entra no consultório – quase chorando –, com seu bebê de 7 meses e desabafa:
— Não aguento mais ser mãe, doutora!
— Oxi! Mal começou! Agora não tem mais jeito.

VENDO TRANQUILIDADES

Consulta, após o exame físico:
— Doutora, é grave?
— Não, nada grave. Isso não é considerado patológico, ou seja, é normal.
— Não é grave mesmo?
— Não.
— Eu nem dormi esta noite de preocupação.
— Fique tranquila.

— Eu li na internet, mas não entendi. Posso mesmo ficar tranquila?

— Sim. Seu filho está ótimo.

Na saída, na porta.

— Tem certeza de que eu posso ir embora sossegada?

— Tenho.

PROCUROU E NÃO ACHOU

A mãe:

— Estou trocando de médico e vim aqui pra ver se a senhora acha um problema nela, porque ninguém achou.

Após a consulta:

— Eu também não achei. Acho melhor a senhora parar de procurar um problema em sua filha.

LIPIDOGRAMA

A mãe:

— O que pode acontecer se ela continuar com estes exames alterados?

— Existe o risco de, geralmente na idade adulta, essas gorduras em excesso acabarem por entupir um vaso.

A criança:

— Eu nunca entupi o vaso! Quem entupiu uma vez foi o meu pai!

DA PEDIATRIA PARA A GINECOLOGIA

Ela, 17 anos, entrou no consultório com o filho no colo.

Eu a reconheci.

— Eu era a sua pediatra, né? Já está com filho? Casou?

— Então, doutora. Aos 15 anos fiz tratamento para engravidar porque o médico falou que eu não poderia ter filhos e meu namorado queria ser pai.

— E o médico fez o tratamento?

— Fez. Minha avó pediu, chorou, e ele fez.

— E você, está feliz agora?

— Não muito, meu namorado arrumou outra.

SURPRESAS

Criança com 12 MESES de idade.
— Ele está com o nariz entupido.
— Há quanto tempo?
— Vixi! Há muitos ANOS, doutora.

A mãe:
— Doutora, eu trouxe o meu filho para a senhora ver se ele tem fimose.
O filho, de 10 anos:
— Mãe! Onde fica a fimose?
— Adivinha, meu filho.
— Mãe do Céu!

— Qual leite ele mama?
— Meu titi.
— Titi?
— Titi é o apelido de teta em espanhol, doutora.

FIO A PAVIO

Segundo enfermeiras de uma Unidade de Saúde, um estabelecimento recebeu três cadeiras de rodas para a locomoção de pacientes do carro até a Unidade e vice-versa. Cadê as cadeiras? As famílias dos pacientes que as utilizaram, levaram-nas embora. Restou a cadeira velha, só com o assento e sem encosto, pois este está rasgado.

TUDO É CULPA DO FÍGADO

— Estou com um problema no fígado, aqui no lado esquerdo.
— Minha filha, o fígado é no lado direito.
— Vixe, Maria! Então nasci com o fígado do lado errado.

ABRIGO INFANTIL

Peço a história familiar e os antecedentes patológicos da criança para a responsável. Não sabe informar. Falei:

— Parece que estas crianças chegam de paraquedas no Abrigo, sem informação alguma!

Ele, com apenas 8 anos:

— Estou no Abrigo porque quatro homens querem matar a minha família inteira. Estou lá porque a minha mãe quer me proteger.

PEQUENO *GENTLEMAN*

Menino.

8 anos.

Ele não veio para a consulta, estava apenas acompanhando a mãe e a irmãzinha. Ofereceu-me uma bala.

— Não, meu querido, obrigada.

— Tem certeza? É uma bala gostosa, durinha e por dentro tem chicletes.

— Então eu quero, mas vou guardar para depois.

Ele sorriu. Na saída, já na porta, virou e me falou:

— Logo a gente se vê!

Eu sorri e pensei: Espero que não, pequeno gentleman. Porque, normalmente, quando me veem, não estão muito bem.

CUIDADO!

Certas enfermeiras me matam de rir. Jogam o prontuário em cima da mesa e saem correndo, gritando:

— Cuidado, doutora. É sarna das bravas!

E não é que era?

Era só o que me faltava: mais uma sarna para me coçar.

FÉRIAS

Mal chegou dezembro e já diminuiu o número de consultas.

É o que digo: a alegria afasta os males do corpo.

JOÃO E O PÉ DE FEIJÃO

Atendi uma criança que tinha colocado um feijão no ouvido.

O pai, desesperado, falou:

— Estou com medo que o feijão saia pelo outro ouvido.

— Não é bem assim, meu senhor.

Vira e mexe eu me lembro desta consulta.

Se assim fosse, colocaria um canudinho entre as minhas orelhas.

Desta forma, algumas coisas eu ouviria por um lado e sairia imediatamente pelo outro.

BRUXISMO

A criança range os dentes e a mãe quer remédios para vermes. Não se deixa convencer do contrário. A mãe falou, está falado. É solitária ou solitário? A mãe pode até fazer de conta que acredita e seguir a orientação dada. Mas se eu não passar um vermífugo, sai insatisfeita. O bruxismo está mais ligado ao estresse e à ansiedade. Dizem que no inferno há ranger de dentes. E o inferno tem mais a ver com o lado emocional do que com parasitose intestinal. Mas para que todos fiquem satisfeitos, eu faço as duas coisas: dou um remédio para a barriga e remedio a dor no peito.

ÂNIMO

Invejo aquele gari que varre a rua neste Sol. Eu só trabalho seis horas por dia e no ar-condicionado. Mas já trabalhei 12. Que ânimo daquele homem!

Invejo aquelas mães que acordam de madrugada para embalar seus bebês. Meus filhos são adultos. Mas já tive noites mal dormidas. Que ânimo daquelas mães!

Invejo aquelas mulheres que se enfeitam para beber no bar. Eu bebo, às vezes, em casa. Mas já me enfeitei para beber em bar. Que ânimo daquelas mulheres!

Invejo aqueles jovens que varam a noite estudando. Eu leio um pouco depois das dez. Mas já devorei livros enormes na madrugada. Que ânimo daqueles jovens!

Invejo os lutadores que fazem de tudo para acordar o outro. Eu deixo que durmam os que não querem acordar. Mas já fui ao fundo do poço para abrir os olhos de alguém. Que ânimo daqueles lutadores!

Talvez eu não inveje as pessoas.

Talvez eu inveje o ânimo que perdi nas curvas da estrada.

Que ânimo daquela estrada!

ORIENTAÇÃO SEXUAL

A criança foi minha paciente desde que nasceu. Uma linda menina.

Na adolescência, sua mãe, muito preocupada, falou que o comportamento dela estava diferente. Vestia-se e comportava-se de uma forma masculinizada.

Acabei encaminhando para uma psicóloga. Obviamente, não para mudança de orientação sexual, mas para ajudar nos conflitos familiares e pessoais pelos quais todos passavam.

Após cinco anos, eu estava tomando um café no bar em frente ao Posto de Saúde, e eis que uma pessoa de 20 anos se aproxima de mim e diz:

— Bom dia, doutora. A senhora está bem?

— Sim, estou. E você?

— Estou ótimo!

— Isso é o que importa, meu querido. E você continua lindo!

PAIXÃO

Mãe entrou no consultório com um bebê no colo e mais uma escadinha de dois degraus. Falou que o bebê vive gripado porque ela o leva até a casa do pai das crianças todas as manhãs, para ela poder trabalhar. Indago:

— Vocês não moram juntos?

— Não! Quando eu estava grávida ele se apaixonou por outra e nos deixou. Está lá, com a mulher que veio ao mundo para destruir a vida alheia.

INTERPRETAÇÃO

— Com quantos quilos ele nasceu?
— Com três quilos e quinhentas e novecentas e cinquenta gramas.
— Não seria três quilos e quinhentas e noventa e cinco gramas?

Lactente de 2 meses.
— Qual é o problema?
— Meu filho é "sentido". Chora por qualquer coisa.

Menino de 11 anos.
Retorno. Melhor.
Ao sair, parou na porta e falou:
— Eu te devo esta.
— Sim. Deve.

FISIOLOGIA

Vermelho rubro
Escarlate
Sangue arterial
Que jorra
Nutre
Alimenta
Que se pensa imortal

Vermelho escuro
Obscuro
Assim é o sangue venoso
Que retorna cansado da lida
À procura de repouso

Escuro e
Escarlate
Os dois dentro de mim
Que dividem a minh'alma
Assim.

O IMPOSSÍVEL MORA PERTO

A criança, com sobrepeso, está com o colesterol total bastante elevado.

Enquanto converso sobre a alimentação, a mãe diz que será muito difícil seguir a orientação, pois o seu ex-marido e a atual esposa são gordos e frequentemente a criança está com eles.

A mãe trabalha. Procuro saber se a criança fica muito tempo sozinha e o menino, de 11 anos, começa a chorar.

Antes que eu pergunte o motivo do choro, a mãe responde:

— Ele está chorando porque não vai mais poder comer como come!

Tento conversar. Ela continua:

— Algumas coisas são impossíveis, mas a gente tenta o impossível, não é mesmo?

Próximo paciente. Eu estava olhando para o chão, pensando nas palavras daquela mulher. Sim, a gente tenta o impossível.

O pai da criança que está adentrando, um rapaz muito simpático, fala em tom maior:

— Eita, doutora! Pensando na morte da cabrita? Que longe a senhora está!

Voltei.

— E este lindinho? O que está acontecendo com ele?

ROUPA SUJA

A mãe entrou no consultório irritada com o seu filho de 11 anos e falou:

— Doutora, este menino já comeu o pão que o diabo amassou quando morava com o pai dele. Apanhava muito, inclusive. Agora que veio morar comigo e que dou até roupa lavada e passada, ao invés de me agradecer, é um revoltado!

— Sabe o que acontece, minha senhora? É que somos feitos de sentimentos também, não só de racionalidade. A senhora me entende?

Não sei se ela me entendeu. Mas o menino me entendeu, se é que você me entende.

OLHA A RIMA QUE DÁ

Rimar com coração é fácil
Quero ver rimar com rim
Aquele que me purifica
E tira o que não presta de mim.

Rimar com rim é fácil
Quero ver rimar com fígado
Aquele que me desintoxica
E me livra do perigo

Rimar com fígado é fácil
Quero ver rimar com baço
Aquele que alguns vivem sem
Mas não vivem sem um abraço

Rimar com baço é fácil
Quero ver rimar com intestino
Porque este só faz merda
Mas pode deixar que eu rimo.

CONFISSÕES

Menininha de 7 anos:
— Doutora, doeu para fazer esta tatuagem na sua mão?
— Não, querida. E dói quando você se aplica insulina?
— Também não!
— Ótimo, somos duas sortudas!

Criança de 5 anos.
Eu:
— Tudo azul, lindinho?
Ele, todo sério:
— Não.
— Por quê? O que está acontecendo?
— Só a minha calça é azul.

— Doutora, ela tem um mal-estar nos olhos que só melhora com os óculos que o oftalmologista receitou. Mas eu não deixo ela usar os óculos porque tenho medo que ela quebre os óculos.

Criança de 9 anos.
70 kg.
Bom estado geral.
Exames complementares normais.
A mãe:
— A senhora pode me explicar o motivo da obesidade se ela não come?
— Não come?
— Não. Só belisca a comida.

— E bolo, sanduíche, pizza, chocolate, salgadinhos, refrigerante?
— Isso ela come o dia inteiro!
— Expliquei?

Mãe: 18 anos.

Lactente: 7 meses.

— Doutora, quando eu fiquei grávida, peguei nojo do meu marido e o médico falou que era normal, que era por causa dos hormônios. Mas será que é? Porque até hoje sinto vontade de vomitar quando olho pra cara dele!

NOBREZA

Carne de pescoço
É puro osso
Mas pescoço, seu moço,
É lugar nobre
Ali não há nada que sobre
Passa comida
Passa bebida
Passa carótida e jugular
E se por algum acaso
Entala ali um caroço
Que alvoroço, seu moço,
É preciso respirar.

DESTINO

Até uma criança linda, de 5 anos, fica feia quando diz:
— Vó, você pode calar a boca? Já está falando o que não deve!
A avó:
— Desculpe, doutora. Não moro aqui, mas vou falar com a mãe dela.
— Fale. Com urgência. Porque isso realmente é feio e grave.

A mãe de um bebê estava com tremores nas pálpebras, bastante significativo de estresse, e falou:
— Hoje vou ter incomodação!
— Por quê?
— Porque as minhas vizinhas são fofoqueiras.
— Sim, mas por que você está dizendo isso?
— Porque meus olhos estão tremendo. Vai dizer que a senhora não sabia disso? É batata! Vou chegar em casa e ter incomodação. Certeza!

Lactente, 7 meses.
Baixo peso.
Acompanhada pela tia. Mãe está no presídio porque não cumpriu a pena de trabalho comunitário por abandono de menor. Tem 8 filhos e a mais nova, que hoje consultou, só aceita o leite materno.

Avó materna, 60 anos. A neta de 2 anos está sob os seus cuidados. Causa? Pais dependentes químicos.
— Os dois vivem juntos e só saem de casa para comprar drogas.
— E o que a senhora está fazendo quanto a isso, além de criar a sua netinha?

— Nada. O que posso fazer? Eu rezo, mas eles estão dominados pelo demônio.

— Que tal brigar com o demônio cara a cara e trazê-los aqui no CAPS para tentar um tratamento?

— Mas resolve?

— Nunca saberemos se a senhora não der o primeiro passo, por eles, em direção à santidade.

NÓ

Dizem que nó na garganta
É palavra atravessada
Palavra que não foi dita e que ficou entalada.
Mas eu penso, seu doutor,
Que esse nó na garganta tem a ver com desistir
O nó é palavra cansada
Que achou a corda vocal
E armou rede pra dormir
O nó é palavra triste
Que não encontrou guarida
Perdeu o rumo da roça
Pois nasceu pra ser ouvida
Peço então, caro doutor,
Deixe a palavra no canto
Entendo a sua canseira
Entendo o seu desencanto
A palavra só quer repousar
A palavra não quer mais ouvir
A palavra não quer mais falar.

SALVE. SALVE. IMUNIDADE!

— Ela está gripada, mas a minha preocupação é com o cheiro terrível que está saindo da sua expiração.

Examinei normalmente e nada percebi além dos sinais da gripe.

— Sentiu o cheiro, doutora?

— Não.

— Como não?!

Considerando que um corpo estranho – feijão, espuma, pequenas bolinhas – nas vias aéreas produz realmente um cheiro terrível e que faço esse diagnóstico cheirando o nariz e a boca da criança, fiquei preocupada e meti o meu nariz onde fui chamada, bem pertinho da face da pequena. Cheirei o seu nariz. Cheirei a sua boca.

Apenas cheiro de gripe, de catarro, nada tão terrível.

— É apenas uma gripe.

A mãe foi embora tranquila.

Eu não.

Nem fui embora e nem fiquei tranquila, fiquei pensando: "Será que este vírus entrou no meu nariz?!".

QUESTÕES

— A senhora poderia pedir um xerox do pulmão?

— Xerox?! Ou raio-x?

— Raio-x!

— E quais são os remédios que você está dando para a criança?
— Aquele branco de tampa azul e aquele transparente de tampa branca.

Uma criança com gripe. Três dias de febre. Três consultas com médicos diferentes. Três receitas.

"Esta virose geralmente cursa com três dias de febre".

Nove palavras e uma nova consulta seria desnecessária.

DESUNIÃO

É difícil encontrar
O X da questão
Quando a conta é de somar
E fazemos a divisão

TEMPO INDETERMINADO

Mulher de 66 anos, saudável, seis filhos adultos, divorciada e viúva, segundo ela. O marido faleceu após a separação e ela nunca mais se casou – trouxe para consulta o recém-nascido, também saudável, da vizinha, para avaliação de rotina. Ao ver uma mulher tão forte e tão disposta aos 66 anos, bateu uma curiosidade:

— Por quantos anos a senhora esteve casada?

— Ah, doutora, não me faça uma pergunta tão difícil! Sabe que eu não sei? Nunca fiz a conta. A senhora quer que eu faça?

— Não, de forma alguma! Esqueça! Não está mais aqui quem perguntou.

LINDA SURPRESA

Eu atendia uma criança – de uma instituição infantil – que me chamava a atenção por ter uma história muito sofrida e um olhar muito sereno.

Há tempos não o vejo, ele já tem 14 anos.

Atendi um pai de uma outra criança que consulto desde que nasceu, hoje com 10 anos, parte de uma linda família.

O pai veio sozinho pedir para que eu assinasse um documento de "sanidade" para a sua esposa. Motivo? Adotaram um menino. Quem?

— Ele! O meu querido paciente de 14 anos!

A vida tem lindas surpresas!

A PLACA QUE NÃO DEVERIA EXISTIR

O silêncio, muitas vezes, é respeito.
(Respeito dispensa pedidos.)

Respeito pelos doentes
Respeito pelos mortos
Respeito pelos vivos.

Silêncio no cemitério.
Silêncio na biblioteca.
Silêncio no hospital.

O mundo faz um barulho infernal
Porque o silêncio é uma faca de dois gumes
E a faca pode ser mortal.

E lá vou eu gritar o nome das crianças no meio da algazarra, no
corredor principal.

ANTECEDENTES FAMILIARES

Criança institucionalizada, 11 anos, acompanhada pela cuidadora.

— Por que esta lindinha está na instituição infantil?

— O pai é usuário de drogas. E nem a mãe biológica nem a mãe adotiva quiseram ficar com ela.

— Por quê?

— Imagine, doutora! Os bebês que chegam na instituição são bonzinhos, mas estes que chegam depois de certa idade são ruins.

Quase caí da cadeira. Perguntei para a cuidadora:

— Qual é sua idade?

— 21.

— Você sabia que se ela tivesse tido outra história, ela poderia ter outro comportamento?

— Prefiro não comentar.

A criança comentou:

— Eu sabia.

AS CRIANÇAS DO FUTURO

A internet também tem a função de babá eletrônica barata, para que as mães tenham tempo e tranquilidade para fazer o quê?

Usar a internet.

DESNECESSÁRIO

Atendi uma criança, prescrevi um broncodilatador – dei amostra grátis de um laboratório –, um antitérmico e inalações.

Solicitei um raio-x de tórax e marquei retorno.

Ao retornar, veio com uma sacola cheia de remédios (antibióticos, antialérgico, outro tipo de broncodilatador, outro tipo de antitérmico) e sem o raio-x.

Perguntei:

— Como está a criança? Melhorou?

— Sim! Nem sei se dou estes remédios!

— Que remédios são estes?

— Esta noite precisei levar a minha filha mais velha ao Pronto Atendimento e já que eu estava lá, consultei de novo a minha pequena e o médico prescreveu tudo isso. Mas eu não dei, doutora, pois ela já estava melhor.

— A senhora sabia que tirou a vaga de alguma criança que necessitava realmente de uma consulta? E que todos estes remédios são desnecessários? E que poderiam ser usados por outra criança?

— É verdade!

Pois é.

BENZIMENTO

Uma semana não é um "Mal de Sete Dias".

Hoje não é dia de ficar com a "Espinhela Caída" ou com o "Bucho Virado".

Ânimo!

Acha que a Vida é pouco?

Coloque um sorriso na Alma. Ou vai ficar com cara de "Mal de Simioto"?

Curiosidades

- Mal de Sete Dias: relacionado a patologias umbilicais, tétano ou icterícia. Antigamente eram proibidas visitas ao recém-nascido no sétimo dia para evitar tais doenças.
- Espinhela Caída: deslocamento de um osso flexível na caixa torácica, causador de choro no bebê.
- Bucho Virado: atualmente conhecido como "síndrome do bebê sacudido".
- Mal de Simioto: desnutrição infantil.

INTERROGATÓRIOS

Criança com alergia.
Meu diagnóstico: alergia alimentar. A mãe jurava que não.
Depois de um interrogatório em parceria com a enfermeira – uma policial boa e uma policial ruim, como nos filmes – descobrimos que a criança de seis meses comia, além de pão com leite de vaca, macarronada com molho de tomate, "mas só o caldinho, doutora".

Anamnese?!
Às vezes é preciso interrogar.
(Quem já queimou a língua com leite quente, desconfia até do vaqueiro.)

A mulher levou as fezes para exame no pote coletor. Chegou ao laboratório, a atendente deu um adesivo e uma caneta e falou:
— Escreva o nome, por favor.
Ela escreveu: "Merda".

O médico falou para o sujeito:
— A sua cirurgia foi um sucesso e o resultado da biópsia também.
A filha acompanhante olhou espantada para o pai e falou:
— O senhor não me falou que tinha operado da "biópis" também!

SIC

Existe na Medicina algo que sempre achei interessante: é o tal de "sic", que significa segundo informações colhidas.

Exemplo: a gente anota no prontuário que a criança sofreu algum acidente enquanto a mãe estava trabalhando (sic).

Não estamos afirmando. Estamos colhendo informações que podem ser verídicas ou não.

Temos o benefício ou o malefício da dúvida.

E isso nos protege ou não, mesmo tendo sido criado para a nossa proteção (sic).

A VIDA TEM A DURAÇÃO DE 24 HORAS

O recém-nascido é o raiar do dia, a luz dada ao mundo.

A criança é a manhã com todas as suas promessas.

A maturidade é a tarde laboriosa.

A velhice é o crepúsculo com toda a sua beleza.

E a morte é a noite com a sua escuridão, seus mistérios e suas estrelas.

ENSINAMENTOS DA PEDIATRIA

A primeira impressão tem a sua importância.

O sorriso de uma criança é um bom remédio.

Nossa impotência é real.

Muita coisa pode ser resolvida com uma boa conversa se houver confiança entre as partes.

As mães não são todas iguais e há diferenças extremamente mais importantes do que a mudança de endereço.

As crianças de hoje são muito diferentes das crianças de antigamente, mas a inocência permanece.

Cuidar de criança não é brincadeira, mas alguns exageram na seriedade por meio da medicalização enquanto outros subestimam a infância.

Dar tudo de si é altamente compensador.

Nem tudo é compreensível.

Tudo passa.

A MÉDICA LOUCA

Levava tão a sério as suas promessas, que assim que fez o Juramento de Hipócrates, comprou uma ambulância caindo aos pedaços e pôs-se a socorrer o mundo.

Como era recém-formada e não tinha estrutura financeira, teve que se contentar com o ferro-velho que não demorou a fundir o motor; insistente, mandou consertar e continuou na lida.

Fundia para lá e fundia para cá e ela não desistia. Seu descanso acontecia nos reparos do carro, o que para a médica, era uma bênção. Mas ela não sabia.

Ativa, não parou por aí. Sempre ouviu dizer que a Medicina era um sacerdócio. Resolveu comprar um confessionário, o qual colocou dentro da sua própria casa.

Ficou horrorizada com os pecados da humanidade. Mandou o povo ir rezar e parar de encher o seu pacová. Colocou a ambulância na garagem. Nunca mais a utilizou. Tinha uma desculpa incontestável: o preço da gasolina tornou insustentável a manutenção do juramento.

Assumiu o seu perjúrio.

RESPIRE

Quando uma criança leva uma bronca furiosa, a primeira coisa que ela faz é entrar em apneia. Algo como "não estou aqui, não existo".

Não percebemos, mas ainda fazemos isso diante de situações estressantes. Respiramos mal. Temos uma respiração artificial.

Recomendo que comecemos a respirar uma respiração completa, ao menos em determinados momentos.

Estamos aqui, existimos.

E o nosso corpo vai agradecer por esse reconhecimento.

PRESENTES

Entram no consultório o pai, com cara de ex-maluco beleza, e um menino lindíssimo de 5 anos.

— Doutora, cuide bem dele porque ele salvou a minha vida.

— Por que ele salvou a sua vida?

— Porque eu só descobri que era portador de HIV quando a mãe dele fez o pré-natal. Caso contrário, eu já teria morrido. E sendo eu o malvado favorito, cuido dele da melhor forma possível.

— Então vamos cuidar deste presente que a vida te deu.

— Sim, ele nasceu no dia do meu aniversário.

INTELIGÊNCIA X FELICIDADE

Idade da razão, 7 anos, muitíssimo inteligente, nem teria muita necessidade da informação dos pais, pois ele sabe conversar igual gente grande.

Um pouco ansioso, talvez por pensar demais, há tempos eu o encaminhei para a psicoterapia.

Hoje fiquei surpresa ao saber que ele reprovou na escola.

— Como assim?! Um menino inteligente como você? Por que você reprovou?

— Porque eu só tenho boa memória, mas sou ruim em outras coisas.

— Ruim? Em quais coisas?

— Tenho medo de algumas coisas.

— Do quê, por exemplo?

— Que a minha mãe se vá.

— Para onde?!

— Que ela morra de repente, doutora, e que eu fique sem ela.

DOSES

I

— Quanto você está dando deste remédio para a sua filha?

— 25 ml.

— 25 não! 2,5 ml!

— Ai meu Deus, eu sou uma piada mesmo. A senhora tem razão. Eu "di" 2,5 ml.

Ela caiu na gargalhada. Eu também.

II

Mãe, 15 anos e o seu bebê.

Na verdade, senti que estava com duas crianças no consultório.

Já tinham passado por diversos médicos.

Perguntei:

— Quantas gotas do medicamento nasal você está pingando nas narinas do bebê?

— Meia gota.

— Meia gota?! Como assim?

— Ah, doutora! Nunca fui muito boa "das matemática".

III

Casal com um bebê de 41 dias.

— Doutora, o especialista prescreveu 0,6 ml do medicamento para o bebê, para uso contínuo. Mas como no copinho medidor só tem até 10 ml, estamos dando 6 ml.

— Vocês sabem que 0,6 ml é menos do que 1 ml, um pouco mais do que metade de 1 ml?

— Nossa! O que nós fizemos! E agora?

— E agora vamos ver como ele está e depois vocês vão comprar uma seringa de 1 ml e dar 0,6 ml.

Um médico deve saber que o óbvio não é óbvio para todos.

DOSE CERTA

As pessoas são iguais aos remédios:
Na dose certa, curam.
Na dose alta, envenenam.
Na dose baixa, não fazem diferença.

DISPNEIA

Seriam a asma
A bronquite
A laringite
Doenças de pressão?
Que causam sufocamento
Causadas por um tormento
Que cutuca a emoção?

Ou seria fome de ar
Ou seria fome de voo
O desejo de suspirar?

BOCA SUJA

Mordedura de ser humano pode infeccionar.

Atendi uma criança com o dedo muito infeccionado. Mordedura de outra criança.

Nossa boca é suja, repleta de bactérias.

Imaginem, então, o quanto é errado uma mãe pegar a chupeta que caiu no chão e "limpar" com uma chupada própria antes de colocar a chupeta de novo dentro da boca da criança.

Terrível costume de muitas mães desavisadas.

ELETRODOMÉSTICO

— Doutora, ele é muito elétrico!

— Elétrico?

O menino:

— Sou elétrico doméstico igual à televisão, mas para a televisão o meu pai olha e para mim, não.

URGÊNCIAS

É preciso usar um sapato até ficar surrado e ter um outro guardado, no verniz, para a festa dominical.

É preciso um velho vestido de chita, multiuso, e avental.

(E também uma cinta-liga para ficar sensual.)

É preciso andar de carroça, pegar os grãos nos silos, comer arroz e feijão, ferver o leite da garrafa de vidro, criar galinhas poedeiras, fazer fogo com gravetos, aprender a comer no espeto.

É preciso fazer um piquenique, chique, com toalhas no gramado e doces amanteigados.

É preciso ouvir música clássica, acordar de madrugada, passar um café no coador de flanela, deixar o sol entrar pela janela.

É preciso uma boa prosa no quintal, contar estórias de alma penada, deixar a molecada assustada em noites de lua cheia.

É preciso ouvir os passarinhos.

Amar bem devagarinho.

Voltar a roubar beijinho.

Voltar a sorrir baixinho.

A Medicina me ensinou sobre luta e determinação.

Mas também me ensinou sobre limites, impotência e aceitação.

E, sobretudo, a sorrir com alegria diante de nossa grandeza e a sorrir com ternura diante de nossa miséria.

Que eu nunca perca a capacidade de enxergar a criança que existe em cada um de nós, mesmo que adormecida.